大展好書 好書大展

大展好書 好書大展

社會人智囊
6

猫 狗
型 式
鑑人術

浅野八郎 著
李玉瓊 譯

大展出版社有限公司

序　文

古希臘哲學家訓示後生必須「認識自己！」而在現代生活中光是瞭解自己本身的能力或性格似乎不夠。反之，認識身邊周遭者以及「他人」更形重要。即使才華洋溢，若無識得名駒的伯樂（了解您的上司或同伴），僅憑個人能力仍一籌莫展。所以，冷靜地思考自己的原貌，尋找使自己的長才得以發揮的同伴，並反省何者才能實現自己夢想或願望的「益友」。乃是在人際關係中獲得成功的第一關鍵。

同時，思索對於在一起工作、生活的人自己該如何才能幫助其生命的成熟與充實？如何才能吸取他人之長以補己之短？對二十一世紀的人類而言，這也許是與人相處的重要課題。

人無法離群索居。人的一生幾乎可以說是一連串與他人溝通的連續。如果毫無理解對方心理的企圖心，現代生活會令人倍覺孤獨。

遠自古希臘時代，學問的重點，乃在對人的認識及瞭解其性格。而認識性格的第一步，則始終把人和動物、花草做比較分析研究。因而，「像山羊一樣溫馴」或「像獅子般地勇敢」等人類判斷成為最初的性格判斷。雖然這是非常簡樸的人類判斷，然而針對人所做的性格比較，應是最簡單又印象深刻的方法。

而把出生年以動物的干支為譬喻的十二支，應該也是源自和古希臘人同樣的觀念。

據說哲學家尼采和陌生人碰面時，會將對方假想為動物，做人物判斷以利記憶。

本書的目的乃是將實在的各色人等，分類為我們日常所親近的狗和貓，希望能引起人們的興趣並做為與他人接觸的線索。據說人際交往的第一步，是從對他人產生興趣開始的。本書若能成為現今社會的人際往來日漸疏離的潤滑油，做為讀者們今後與人相處的參考乃是筆者的榮幸。

目錄

序文……三
引言——根據對「動物」的嗜好可瞭解人性……一一
第一章　貓型人和狗型人
貓、狗在不穩定的時代受人歡迎……一六
討厭貓者多半是獨裁者……一八
喜歡貓的人意外地少……二〇
「喜歡的狗」傳達了潛在願望……二三
獅子狗型人和牧羊犬型人……二六
日本名主持人彼特武志是雜種狗型的人……二八
自民黨元老金丸信、名電視節目主持人大橋巨泉是個性派狗型人……三〇
從「喜歡的貓」看穿性格……三二

大原麗子是血統貓型人……三五
田森、通靈家丹波哲郎是雜種貓型人……三六
日本女性常見個性貓型人……四〇
貓、狗中間型人的人物相……四一

第二章　分類測驗與職業適性

「狗型人」「貓型人」分類測驗……四四
「血統型」「雜種型」「個性型」分類測驗……五三
選擇能發揮個性的職業……六二
血統型狗型人適合知識產業……六四
雜種型狗型人是猛烈實行派……六七
個性型狗型人是人情家……六九
血統型貓型人適合媒體工作……七二
雜種型狗型人是一決勝負的野心家……七五
個性型貓型人心情起伏不定……七七
狗、貓中間型人適合自由業……八〇

第三章　貓派和狗派的人際關係

在公司、工作上的人際關係……八二
面對血統型狗型人首先說服其參謀……八五
與雜種型狗型人交涉時必須整理證據……八七
個性型狗型人以耐力攻陷……八八
最好在午後拜訪血統型貓型人……九〇
從談天說地攻陷雜種型貓型人……九二
讚美個性型貓型人的攜帶品……九三
最初五分鐘是攻陷中間型人的關鍵……九五
兩種女性類型的對立……九六
說服女性顧客的推銷絕招……九八
使人際關係成功的構想……一〇〇
做正確人物鑑定的面試法……一〇七
搗蛋（？）面試的創意集……一一二
「令人印象深刻者」的性格……一一五

福爾摩斯式的人物觀察法……一一八

第四章　商業活動的匹配性學

匹配性才是成功的實業家條件……一二二
棒球名將廣岡和長島所呈現的工作態度與人際關係……一二四
人的運勢隨著共事對象而改變……一二七
血統型狗型人——個性狗型人的拍檔最理想……一二九
日本領導者常見的「五黃之寅」的個性型狗型人……一三二
商場界根據貓、狗分類的匹配性……一三四
組成團體時的匹配性……一三七
利用貓圖的匹配性測驗……一三九
判斷伙伴性格的測驗……一四五

第五章　貓派和狗派的愛情學

戀愛模式與人的類型……一五八
將喜歡的異性譬喻為動物……一五九

根據喜愛的貓、討厭的貓做性格診斷……一六一
追求「天蠍座的女人」的血統型貓型人……一七三
雜種型貓型人會單相思……一七五
為男性盡心盡力的個性型貓型女性……一七七
血統型狗型人獨佔慾強……一七八
贏得美人垂青的雜種型狗型男人……一八一
個性型狗型人屬於相親派……一八三
深具魅力的美人沒有男人緣？……一八五

第六章　動物學立場的性格判斷

亞里斯多德的「觀相術」……一八八
反映心理狀態的「投影法」……一九一
根據喜好的動物了解深層心理……一九六
渴望變成何種動物？……一九九
如果一星期的時間變成動物……二〇六
羅梅伊的「諾亞方舟測驗」……二〇八

利用貓、狗的心理療法……二一〇
蒙娜麗莎的人相學立場的觀察……二一二
後　序……二一四

引　言——根據對「動物」的嗜好可瞭解人性

古希臘哲學家是以人的臉型和那些動物類似的調查做為瞭解人的氣質的方法之一。

譬如，長相類似獅子的人勇猛好動，而像山羊的人屬於溫和、老實的氣質等。西洋人相學乃起源將人與動物做比較，而有各種判斷的動物人相學。自古以來，東方也相傳將動物與人的氣質融會貫通而做分析的風俗。其中最生活化且廣為人知的，大概是十二生肖的「干支」吧。這是根據出生年比對十二種動物，而占卜出生於該年的人的氣質或運勢的方法。

寅年出生被認為是個性與運勢俱強的人，尤其是出生在「五黃」的寅年，是擁有成為領導運的人。

出生在「丙午」的女性被認為是好強，且具剋男的強烈運勢，在日本甚至避免在「丙午」之年生育。

事實上，最近「丙午」年的出生率比往年降低許多。從這一點不難發現，不論東、西方都對人與動物之間的關連頗具關切吧。有趣的是日本十二生肖的「卯年」，在東洋某些地區被認為是「貓年」而無兎子登場的餘地。

至於心理學的研究上，也有多數有關人對動物的嗜好與性格之間的關連，多所矚目的學者。其中發表了獨特研究的是鳩魯傑•羅梅伊學者。他採納佛洛依德、榮格等心理學家的分析法，考察出利用對動物嗜好的性格判斷法。

羅梅伊將這個判斷法稱為「諾亞方舟測驗」。何以稱為「諾亞方舟」？此乃因從舊約聖經中出現的諾亞方舟之說而得到靈感。測驗法利用以下的問題來實施。

①如果將變成動物，渴望成為那一種動物呢？

②如果無法變成①的動物，渴望變成何種動物呢？

③不願意變成何種動物？

對上述的問題不要深思熟慮，只憑自己的直覺依序寫出九種動物來。

藉由調查對動物的潛在意識，可以獲得個人平常所潛伏的願望，或對外在的期待、慾求不滿、不安等線索。

對動物的嗜好常會暴露平時人際關係上的願望。在人際往來中最渴望知道的是對方的性格吧。如果能夠瞭解對方的性格，也許可以建立更融洽的人際關係。

所謂十人十樣，每個人的性格迥異，也有不同的願望。古人曾說：「見人說法」。藉由分析對方的性格，的確可以順應其個性以說服之。況且，似乎沒有比現代更符合「見人說法」的時代了。

但是，在平日的生活中，尋找一個能簡單易行的人類鑑別法或性格判斷法，可就煞費苦心。大學心理科系所教導的「性格判斷法」，的確具有科學性而命中率也高。不過，這種專門的性格判斷法雖然具有科學性，卻無法將其應用在平凡的日常交際往來上。而且，這些性格判斷法都具有相當的專業知識，也耗費時間。

因此，即使略爲缺乏科學性，卻人人可用的判斷法日形重要。血型的性格判斷之所以曾經風行一時，也許是基於這個緣故。

以動物為主題進行對話，從中掌握瞭解對方性格線索的「動物人類鑑別法」，對工作或戀愛中的人都有極大的幫助。一般令人難以作答的心理測驗，改成回答動物的問題時，既不困難也鮮少被排斥。即使女性不敢坦白地表示「渴望變成美女」或「變得苗條」，也會輕易地發言：「希望變成孔雀。」

第一章

猫型人和狗型人

貓、狗在不穩定的時代受人歡迎

一九九〇年在大阪所舉行的「國際花與綠的博覽會」成為公衆談論的話題。當時全世界對於為地球找回自然的環保問題極為關切。

同時，似乎也有許多人傳聞不久將會發生大地震、人類出現危機等令人毛骨聳然的謠言。當時經濟持續繁榮，全體人民正沈醉於休閒活動中，但不論那個時代，自然地都會產生「居安思危」反省自我生活的風潮。

宗教書籍之所以成為暢銷書也是這個緣故。當宗教書籍充斥街坊時，人們的心裡會漸漸產生危機意識。同時，暗中思考人類結局的不安心理也日益增強。

據說在這樣的局勢下，喜好貓或狗的人也有急速增加的趨勢。這到底表示什麼？

當人陷入不安，漸漸對現實失去希望而渴望從現實逃避時，漸漸會把注意力集中在動物的身上。

看見貓或狗不自覺地會有安全感。當生活變得單調，因孤獨而煩惱時，首先會對貓或狗產生興趣。

最能反映時代心理的廣告，也許應該顧慮以現代人心為背景的構思。從前，美國的柯達公司在彩色底片的廣告上，利用貓的彩色照片而獲得成功，就是其典型。而未亡人或年長的女性多半是貓的愛好者，可能和這個心理有所關係。

繼貓、狗動物之後，很容易造成流行的是對小鳥的嗜好。當極度不安或渴望求新求變時，小鳥往往成為人們的寵物。畫家們也有類似的傾向。當畫家在成長的過程中，感覺精神方面無法解脫或不安或對死亡的恐懼時，會開始描繪蝴蝶或鳥。

魯頓的畫中也有一段描繪蝴蝶的時期。而在被精神病折磨之前的梵谷，也以蝴蝶為繪畫的對象。他在發病之前以烏鴉作畫。

同時，感到不安或精神上的匱乏時，也會對花草產生興趣。現代人可能特別欣賞花木，在廣告中描繪花或樹，會使現代人恢復生活力，並積極地產生消除不安的意欲。日本豐田汽車公司曾經在汽車廣告上，設計一個將車子停駛於大樹附近的場景。據說為了拍攝這顆巨木花了許多功夫。由於在日本找不到合適的巨木而到外國實地拍攝。

樹木表現生命、人性。樹葉茂密的巨木傳達知性與精力均衡的訊息。

大都會的廣告塔上利用花朵裝飾，以目前的社會而言也具有極高的心理效果。而所使用的若是自然的花而非圖畫或假花，更會吸引人心。如果在日本橋或銀座的往來大道上，種植大量的向日葵、美人蕉、劍蘭，把廣告塔整個裝飾成花壇一般，會是何種景象?數寄屋橋之松下大樓的角落上，曾經以荷蘭直送的鬱金香裝飾，這個宣傳效果獲得讚賞。如果把數千棵樹種植在一個場所，必定氣象萬千吧。

位於東京五反田車站附近的某化妝品公司，在重新建造總公司大厦時，延著電車軌路種植一面杜鵑花。遠看彷彿是一片花圃般地美麗，吸引了所有乘客們的注意。而且，利用玻璃、鏡子的效果，產生一般花壇所看不到的嶄新面貌。

討厭貓者多半是獨裁者

一九七三年度的諾貝爾受獎人，奧地利著名的動物社會學家柯蘭特‧羅廉茲在其『人與狗的邂逅』著作中提到：

「……喜歡狗的人往往討厭貓，喜歡貓的人則痛恨狗。但是，最適合證實是否真正喜歡動物並能掌握動物心情的測驗方法，乃是調查該人是否同樣喜歡貓、狗，同時能確實地掌握貓、狗的特色。」

事實上鮮少比從喜歡貓或狗的比較更能清楚性格上的差異，據說賈恩‧賈克‧盧梭與人議論或碰面時，會先詢問對方：「你喜歡貓嗎？」才開始談話。

明白地表示討厭貓的人，多半有強烈的自尊心、獨佔慾。政治家中自古以來討厭貓的人常見獨裁者，譬如，亞力山大帝的厭貓甚為成名，而凱撒、拿破崙、墨索里尼也都討厭貓。

狗適應某個人之後會對飼主表現順從，也似乎能理解飼主的感受。相反地，貓很難和飼主打成一片。狗會主動配合飼主，而貓則必須由飼主來配合牠。貓的心情起伏不定，即使飼主投注所有的愛，也難以掌握自如。因此，喜歡貓的人在人際交往上，會充分地顧慮對方的感受，多半是個性寬大、溫和、樂善好施而心思細膩的人。歷史人物中喜好貓的人，往往是以各種型態奉獻自己給社會，或對人表現彷彿愛貓一樣的親暱。

為黑人解放奉獻一生的美國前總統林肯；將一生獻給非洲痲瘋病患的史懷哲博士，都是非常喜愛貓的人。

也許盧梭開口即問對方「喜歡貓嗎？」而做人性判斷也是基於這樣的目的。他可能認為喜歡貓的人是民主主義者，討厭貓的人則是獨裁者。

人身邊的動物中可以被允許進入飼主家裡過著與飼主同樣生活的，只有貓和狗，因而牠們也是最容易反應飼主性格的兩種動物。

喜歡貓的人類似貓，而喜歡狗的人多少有點兒狗的性質。

羅廉茲又說：

「飼養動物的人各有不同的動機，而且並非全出於好的動機。狂熱地喜愛動物，尤其是喜愛狗的人，可能是曾經有過不幸的經驗或在人際關係上曾經挫敗，也可能是對人感到失望而逃避於動物的人。」

貓或狗與其飼主之間的心理關係有相當明顯的不同特徵。

喜歡狗的人在選狗時彷彿選擇情人一般，會挑選符合自己嗜好的狗。而所喜歡的狗多半有其共通的類型。一見鍾情的心理在選狗或貓時也會表現出來。

喜歡狗和喜歡貓的人在性格上有極大的差異，盧梭開口即問他人：「喜歡貓嗎？」可能是認為喜歡貓的人和自己的觀念較為一致吧。

喜歡貓的人意外地少

根據一九八六年五月，日本總理府的「有關動物保護的輿論調查」，飼養寵物的家庭佔百分之三三•五。其中獨戶家庭以飼養狗最多，高達百分之五十九•二，貓居第二，佔百分之二十七•一。但是，有趣的是住在公寓的團體住宅內，養狗的人家佔百分之二十九•八，養貓人家佔百分之二十一•八，貓和狗的比率和獨棟戶的家庭不同。

而在更早的一九七五年，名古屋的ＣＢＣ電視台為了服務該節目的視聽者，曾嘗試利用電腦做性格診斷。當時筆者也參加這項計劃，我請求在電腦中所調查的項目裡，添加「你喜歡的動物是什麼？」的項目。

這項調查對象有一五、五〇一人。依序排列所喜歡的動物的結果如下：

(1)狗　六、〇三六人（三八・九％）　(2)鳥　三、一六七人（二〇・四％）

(3)魚　一、五一〇人（　九・七％）　(4)貓　一、四二六人（　九・二％）

(5)松鼠　二六三人（一・七％）　(6)兔子　二三五人（一・五％）

(7)猴子　一五四人（一・〇％）　(8)昆蟲　一四二人（一・〇％）

(9)其他　一四〇人（〇・九％）

而討厭所有的動物有二、四二八人。全體中有一五・七％的人回答討厭動物。

從這個調查發現，當時有許多喜歡狗的人。不可思議的是喜歡貓的人出人意外地少。在日常生活中貓應該是最被喜愛的寵物。然而積極地回答喜歡貓的人竟然比鳥、魚少。

也許這項電腦調查是女性為主，多少對結果有所影響，然而實際上喜歡鳥的人僅次於狗，佔居第二。歐美人也有類似的傾向。

如果以形象大致區分各種動物，應可分為自由地到處活動顯現男性化、活動力旺的動物，以及帶有女性化、溫和美感內斂含蓄的動物。狗、猴子、昆蟲、鱷魚、老虎、獅子等動物是象徵男性化的前者，而貓、兔子、松鼠、鳥、魚則可說是象徵女性化的動物。另外，以形狀象徵這兩種類型時，貓會令人想像帶有圓感的「圓」，而狗則使人聯想「三角形」。

心理學家榮格認為，自然界中對人心造成強烈深層印象的，是圓和三角形兩種物體。

「喜歡的狗」傳達了潛在願望

人心深處的潛在願望或慾求，會以各種型態呈現在表面。請仔細觀察二十三頁的圖Ⓐ。光看這個圖，椅子並沒有「性」或「心」的印象。但是，請比較圖Ⓑ和Ⓒ。讓動物坐在椅子上時，椅子所傳達的印象就不同了。無意識中的心理會使人對椅子有各種的聯想。光是在Ⓑ的椅上坐一隻「狗」，而在Ⓒ的椅上坐一隻「貓」，椅子所傳達的訊息則別具意義。

這是貝加在『對潛在意識的挑戰』一書中所介紹的例子，談論的是廣告方面的深層心理問題。椅子上坐一隻「狗」，使椅子整體的印象帶有「男性」的味道。相反地，讓「貓」坐在椅子上，則整個椅子散發出女性化的氣息。

製作商品的廣告照片時，照片是利用狗或貓為主角，會對觀看者造成不同性別的印象。

何以會產生這種現象呢?當我們在觀看事物時，自己過去的經驗或兒童時期的知識，會反映在無意識中而描繪出一種形象。

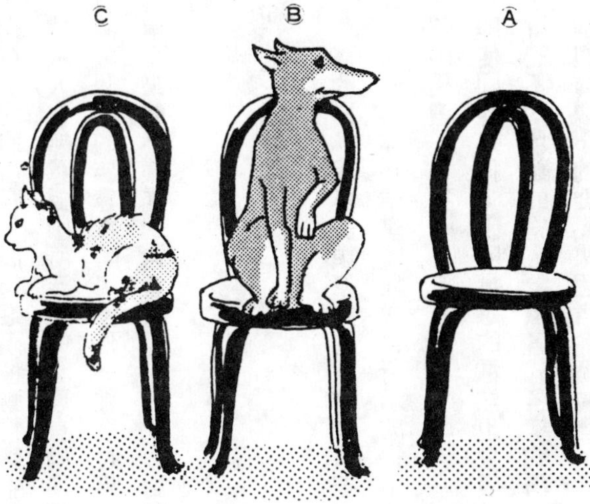

譬如，拿出紙筆讓日本人描繪「山」時，幾乎所有的日本人所描繪的山都有點類似「富士山」。絕對不會聯想出勃朗山或馬特合恩峰之類的山型。因為，日本人根據其生活經驗，對於「山」這個語詞在無意識中會和「富士山」連接在一起。

我們在看貓或狗時，會憑個人經驗浮現不同的印象。提起狗會聯想到「一〇一忠狗」或日本上野公園上並排在西鄉隆盛先生銅像旁的狗、與人親近的狗等。若提起貓，相信有多數人會想像依偎在中年女性懷裡的貓，或捲曲在暖爐旁悠然自得的神態。

看見狗自然地令人和堅強、好動而受人類喜愛的「男性」印象結合。不論東洋人或西洋人對貓與狗之間所獲得的印象的差異極為類似。何以不同的人種、不一樣的生活模式看見狗都會聯想到「男性」，而看見貓則覺得是「女性」呢？同時，並無任何人的唆使，何以會對貓、狗有不同的嗜好，而對這兩種動物產生互異的意識呢？

據說人在無意識中所產生的心理有兩種類型。榮格將這兩種無意識中依個人經驗所浮現的稱為「個人的無意識」，另外一種則是自古以來人在無意識中所抱持的意識，在不知不覺中傳承下來的「集團的無意識」。因此，對貓、狗的意識之差，可以說是「集團的無意識」中的一種。

▼狗型人測驗

「喜歡狗」或自認類似狗的人，如果把自己當成狗，您覺得那一種狗與您最搭配呢？假設未來的一年你必須變成如次頁所示的狗中的一種，你渴望變成那一隻狗？請思索這個問題並從圖中挑選一隻狗。

即使同樣是狗，因所挑選的種類也會表達各自對日常生活的期待感或夢想、慾望。這裡所並排的不同種類的狗，象徵各式各樣的潛在慾望。

請根據以下的要點來思考各個特徵。

(1)外型　(2)顏色、色澤　(3)動作

這些狗給人的感覺、形象互不相同。事實上這些狗代表不同人的類型。各位不妨注意自

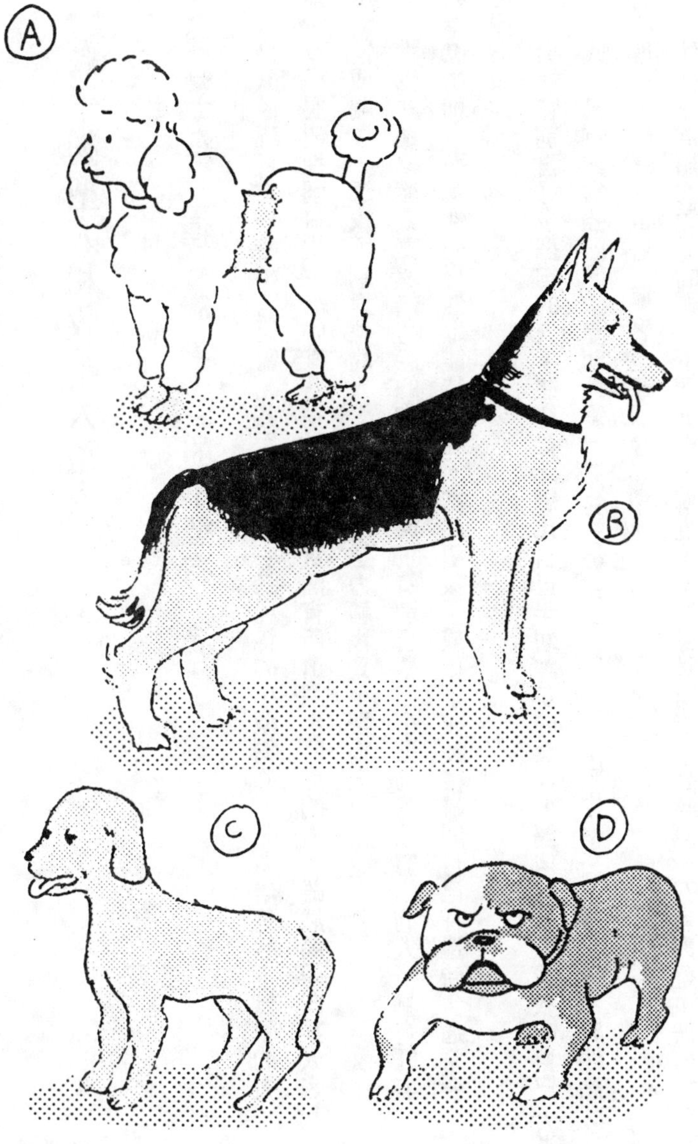
A
B
C
D

己周遭的人，相信一定有人和狗的特性不謀而合。

獅子狗型人和牧羊犬型人

▼像獅子狗、㹴（terrier）的小型狗 Ⓐ

喜歡像玩具狗一般小巧可愛，甚至令人擔心踩扁牠的小型狗的人，多半是膝下無子的夫婦，或極渴望挽回日常生活中某些精神面、物質面有所遺漏、匱乏的人。雖然渴望向某人表示愛情或關注，卻找不到對象的人，常會把注意力轉移到小型狗上。

牠也許是象徵寂寞或無力感的狗吧。因此，特別喜歡把小型狗當成寵物的人，具有旺盛的奉獻精神，而女性的母性本能特別強。當渴望孩子或孩子成長後離開自己身邊時，通常會選擇這類狗。

男性特別喜好小型狗的人，往往會迷戀比自己年幼許多的女性，渴望將對方調教成自己的模式，具有非常強烈的「變態性愛（Lolita Complex）」（中年男人只對少女才成性慾的心理），沉迷於黃昏之戀者也是這種類型。

外型與這類狗類似的人，下顎細小、鵝蛋臉型、身材苗條（高眺）、五官齊整，任何打扮都恰到好處又具魅力。不過，無形中有一股冷峻的氣質，雖然令人難以接近卻頗為引人注目。

學者、文化人士中常見這種類型，多數爲額頭寬廣、注意自己的外型體態。女性多數是美女，屬於容易親近的日本女星吉永小百合型。而男性帶有知性，諸如湯川秀樹、朝永振一郎等諾貝爾得獎人都屬這種類型。

雖然有點浮躁、不踏實，卻受人喜愛且與任何人都能協調的類型。他們並無妄下判斷、冒險的勇氣，是個性溫和的內向型。不過要領好，做任何事都可服服貼貼。只是體力不足容易生膩，多半能運用獨特的構思發揮才華的人。

另一方面，舉棋不定難以有個人的具體意見。

比一般人更在意性能力的衰弱，極端厭惡被女性主導或讓女性瞧見自己的脆弱，可能一生孤家寡人或反覆離婚的經驗。

▼牧羊犬型　Ⓑ

喜歡外型高眺、具有活動力又渾身充滿速度感的牧羊犬等具有血統的狗，多半是崇尚一流又重視知性、家品的上流人士。這是醫師、學者、實業家等高級份子型的人喜愛的狗型。

在電影中腦筋靈敏又能拯救人的英雄動物，往往也是這種狗。不過，單身女性或年輕人，卻不會選擇這種牧羊犬型的狗，對其情有獨鍾者，多半是生性好動、盡己所能發揮智力、財力、體力的人。因此，失敗、工作觸礁的人，鮮少選這型狗。

血統純正、外型時髦又具活動力的牧羊犬型的人，在公司裡也是屬於平步青雲的類型，多半從小學時代即是資優生或受人矚目的人。日本的高級知識份子中常見這種類型，在舊財閥系企業出人頭地的人，通常都是喜好牧羊犬型的人。

對服裝的嗜好、臉孔與儀表多少異於常人而具有品味。泰半學校畢業後，隨即進入一流企業或擁有特殊技術並能發揮專長的人。

這種類型的典型是日本前首相福田赳夫、佐藤榮作等官僚出身的政治家。重於思考而不莽撞行動，處事慎重深謀遠慮，具有貴族趣味。法國的戴高樂前總統、美國的甘迺迪前總統也可說是牧羊犬型的人。

日本名主持人彼特武志是雜種狗型的人

▼雜種普通狗 ©

雖然並不清楚血統來歷，也沒有好外型或快速度等明顯特徵，然而卻給人忠實又平易近人的印象。選擇這種狗的人，在性格上是屬於安全主義的常識型。充分地體會努力與金錢的價值而具有耐力。不會依外表判斷人，認真地朝目標努力的人。

這種狗象徵不注重外在的打扮，性格開朗的人品。一般而言，喜歡這種狗的人雖然外表顯得冷酷而難以接近，事實上生性善良具同情心，且又樂善好施。卓別林的電影中經常出現的就是這種類型的狗。

雖然外表並非所謂的俊男美女，卻有一股莫名的堅強。嘴角緊繃令人畏懼，然而眼神卻是一片柔和。具有初見面即令人難以忘懷的親切感。帶有平民而現實的氣息，使夢想實現化的能力出類拔萃，多半是立身出世型的人物。這種類型的代表人物，有日本電視名主持人彼特武志、政治評論家細川隆一郎。聲音沙啞並無甘醇美妙的音質，但是，給人精力旺盛的印象。

從故鄉新潟到東京，既無學歷與財力，憑自己的努力開創前程的日本前首相田中角榮，他的生活方式簡直就是「雜種狗型人」的典範。雖然外型、儀表並不具魅力，卻能迎合衆人，既可在豪華大宅府享受酒池肉林的生活，一旦政治形勢一變，失腳關進監牢也不為苦。

相信自己憑著自己的哲學生活，不會以自己的過去或家品、智能、外表與人一決勝負。具有頑強的耐力去抵抗困境，這是在變化或混亂中拓展能力的人。即使身著筆挺的西裝腳踩木屐，當事者及旁人也不感到滑稽。在功名利祿上是屬於大起大落的人，具有團體領導能力，常在組織之外擴展才能。討厭循規蹈矩的生活方式，反叛強權勢力而從中發揮才華，然而，一旦擁有大權，則不遺餘力的拼命鞏固其權力。

戰後，日本財界中創業經營者常見這種類型。三密電機的森部一、國際興業的小佐野賢治，以及政治界的大野伴睦、河野一郎、淺沼稻次郎等都屬這種類型。

雖然動輒受到惡劣的批評，或因其言行舉止造成過失，然而具有超強的蓄財力。如果有前輩或競敵之賜更能發揮能力。當公司或組織中意見對立而形成混亂時，會掌握令人意想不到的機會踏上青雲路。這種雜種狗型的人，給人兩極化的評價，有人認為是「了不起的人物」，而有人則批評為「社會敗類」。

雜種狗型和接下來介紹的雜種貓型的人，其不同處是這種人縱然是令人唾棄的壞人，卻莫名地令人「恨不得」。整體而言其言行舉止屬於「陽性」也是特徵。

自民黨元老金丸信、名電視節目主持人大橋巨泉是個性派狗型人

▼牛頭犬型 Ⓓ

選擇外型怪異的牛頭犬為寵物，多半具擁有這樣的狗足以讓旁人吃驚的心理。女性中喜好牛頭犬的通常對自己的容貌、儀態、性魅力缺乏信心。因而利用牽著牛頭犬在外招搖，以獲得自我滿足。

牛頭犬象徵男性化、性經歷。男性若選擇這種狗當寵物是暗示性衰弱，對性及權力抱有強烈慾望，卻無法隨心所欲的人，喜愛這種狗。而喜好雪茄的人也常見牛頭犬的愛好者。

初次見面給人一股莫名的恐懼，然而慢慢交往後會發覺其特有的個性與親近感。鮮少展露笑顏，討厭以笑臉迎人。下巴渾厚有點類似牛頭犬，反應遲鈍，對旁人卻具有強烈的威懾力。當這種人走進屋內，會使巨大的房間縮小。談吐上有其個性，多半是被人模仿其發言的名人。

崇尚權威與榮譽而厭惡平凡，極渴望顯示自己能力又喜好引人注目的人。為戰後日本的重建付出全副心力，被稱為獨裁政治家的吉田茂前首相，可以說是典型的人物。雖然誇示男人的陽剛氣與權威而不妥協的性格，有時卻被

認為是獨裁者，卻會按步就班追求最高的層次。討厭受人指使而自信滿滿的人。

當這種人出現時旁人立即感到緊張。名電視主持人大橋巨泉先生，可說是典型的牛頭犬型人，不會為一點挫折感到氣餒。這種人和雜種狗型不同，具有自尊心，非常重視自己的過去或聲譽，做不出丟人現眼的事。擁有天生領導者的能力也會聽他人的意見，不過卻又具有讓人心服口服的風格。

日本歷史上的人物中，德川家康就屬於這種類型。英國的邱吉爾、中國的毛澤東、前蘇聯的史達林等，多半是具有神秘氣息的領導者。那是類似超越常理的教主式的能力。

從「喜歡的貓」看穿性格

請仔細看三十三頁的貓圖。各種型態的貓有不同的種類。其中有被稱為貓中貴族的波斯貓，也有自立更生而顯得剛強英勇的野貓。我們就利用這些貓和人的臉孔或外表做一番比較，相信在我們的周遭有非常類似貓的人。

有長毛的貓也有與短毛的暹邏貓類似的人。貓雖有女性的形象，仔細一瞧卻未必都是女性。男性中也有多數具有貓的特徵，從其臉孔、聲質、整體印象會令人聯想到貓的人。

以日本人為例，名電視新聞主播久米宏先生、松下的盛田昭夫會長都有點貓的影子。但

Ⓐ

Ⓑ

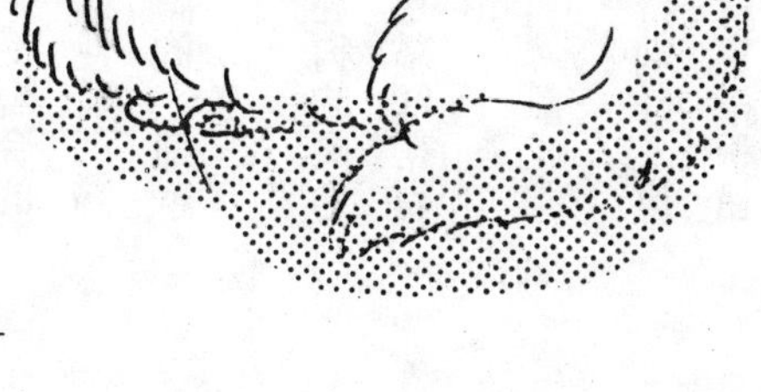

Ⓒ

是，這類像貓的人，還可分成三種不同的類型。

第一種類型的特徵是額頭寬廣，眼睛亮麗，帶有一點暹邏貓的印象。暹邏貓是從現今的泰國輸入英國的貓，一九二〇年代在歐洲被公認是最優雅、最受喜愛的貓，富有知性及沉靜可愛的特色，外型優美，氣質高貴。巴曼貓也類似暹邏貓。這兩種貓可以說是所謂的「血統型貓」。類似這兩種貓的，是第一類型的人，可命名為「血統貓型人」。

另外，有些令人恐懼的男性，具有貓的攻擊性。也有外表看來令人畏懼不同於狗的魔力的貓型人。聲音雖小眼神卻銳利而令人難以接近，彷彿是專制伏老鼠的貓，雖然是貓卻帶有野狗的神采。其動作、表情上具有屬貓科的獅子或老虎、豹等的神韻。

雜種型貓有所謂野貓的類型，比第二種類型的人，可稱之為「雜種貓型人」。

在日本的電視界，臉孔外型渾圓，而乍看之下帶有招福貓型面貌的人，人緣特別好。擔任大猜謎遊戲的解答者，法國文學家篠澤秀夫教授、評論家鹽田丸勇先生、前NHK播報員鈴木健二先生可說是這種典型。在『男人真命苦』電影系列中，飾演寅先生而擁有廣大人緣的渥美淸先生也屬於招福貓型。全身帶著渾圓感，如果體態高䠷苗條，則有點類似毛長的波斯貓，鼻小臉頰豐嫩、慈眉善目。

全身覆蓋著長毛帶著親切感，彷彿孤狸或波斯貓一樣，臉孔大而外型渾圓的貓，稱為個性貓，而與這種貓類似的第三種類型人，就稱之為「個性貓型人」。

以下更深入地來探討這三種貓型人的性格。

大原麗子是血統貓型人

▼邏邏貓型Ⓐ

眼睛大的帥哥美女，端莊得令人不敢褻瀆的貴族氣質。同時，生性好強，若不順遂己意則不稱心；品味高雅，極在意自己在旁人眼中的形象。女性對自己的容貌、儀表具有自信的人就屬這種類型。以男性而言，最具典型的是前述的人之外，還有黛敏郎先生、石原慎太郎先生、福田恆存先生等。

電影明星也常見這種類型。譬如，依莉莎白泰勒或蘇菲亞羅蘭。而日本則有有馬稻子、中野良子。擁有廣大戲迷的電視女明星大原麗子也是這種類型。也許歌手或電影明星必須具有貓的要素吧。

具有貓氣質的女性，不但外型美麗又有性魅力，和血統狗型女性不同的就是性魅力。有時過於矜持，令男人不敢接近。

對美的品味高，服裝嗜好也極為挑剔。女性討厭平凡，具有渴望使自己表現智慧的慾望。

男性則不擅長與人交往，很容易躲在自己的象牙塔內。不過，具有創意與靈感、直覺的分析力。只是對人的好惡明顯心情起伏不定。屬於浪漫主義者，經常追求夢想，哲學家、詩人、文學家中常見這種類型。而政治家屬於這種類型者多半是理想主義者，日本的政治家或領導人物，出人意外地常見這種血統貓型人，通常深獲期待，卻因實行力不足，或夢想與實際之間的不協調而吃苦受罪。

太平洋戰爭前，無法穩住東條內閣地位的近衛文麿，屬於這種貓型人。而血統貓型人下台之後，多半由雜種狗型人取而代之活躍舞台。

田森、通靈家丹波哲郎是雜種貓型人

▼雜種普通貓Ⓑ

帶有攻擊性隨時將不滿表現在表情動作上的。討厭拘泥形式對權威帶有判逆性。嘴型往前凸，談吐有其個性。

可能是天才的發明家也可能是革命家、叛逆份子。生活方式異於常人。多半是詩人、文學家、社會運動家。略為上吊的眼睛露出強悍的鋒芒，戰鬥的神情中隱藏挑戰不可能的事情的意志。

在貓型人中是最難以掌握性格的類型。這種類型者討厭循規蹈矩的生活方式，具有作風大膽的行動力、冒險心、自我強。討厭妥協，深具強烈的主義主張。

女性渴望在任何事都和男性齊頭並行，工作勝於婚姻，對於反體制的行動會感到快感。這種類型的女性在各種場合上極為活躍，從事社會運動或媒體關係工作、藝術家能發揮才華。不過，其言行舉止可能變得歇斯底里或成為叛逆份子。

男性多少帶有女性的氣質、性格陰沈。不會從樂觀的角度思考事物，心思在細微瑣事上打轉，一生波濤起伏也多。經常變更職業，具有反抗強權勢力的野蠻人性質。乍看下給人恐怖的印象，卻是重視義理人性的人。

這種類型者擁有自己的信念，為所抱持的信念或理想而犧牲也無所謂。

日本歷史上的人物中，豐臣秀吉屬於雜種貓型人。而織田信長、秀吉、德川家康等三人，經常做為後人性格與生活方式的比較對象。這三人的性格差異，從其外觀、體態可表露無遺。

自古以來日本都將政治家分成兩種類型：其一是秀吉型的孤狸型臉；其二是家康型的貉型臉。狐狸型由於腦筋過於靈敏，有可能沈溺於「知性」與「自尊心」的危險。而貉型具有不顧危險的行動力與指導力，與其思忖各種謀略不如率先行動。

被稱為英雄或名留青史的人物中，有多數屬於雜種貓型人。希特勒、拿破崙也可列其典型。這二人所受到的歷史評價並不相同，不過，以人的類型而言，都屬於雜種貓型。這兩人都有一段慘淡的青春時代，希特勒在其青年時代有極大的自卑感，似乎得不到任何人的認同，全身上下彷彿是慾求不滿的癥結。而希特勒告別如此晦澀的青春時代，從三十年代開始完全不同的人生，漸漸被崇仰為德國的英雄，日後更出人頭地，成為納粹德國的指導人。

貉狸的分類，和狗型人與貓型人的分類是一樣的。具有組織觀念，讓部屬自然地感受其領導者威力的家康，是屬於個性狗型人（牛頭犬型人），而從青年時代吃盡苦勞，慢慢拓展運勢，過著積極生活的豐田秀吉，則屬於雜種貓型人。

貓型人的脆弱很容易在組織中樹敵，不擅長培育後繼者，會以自己的感情選擇人才並有好惡之分。秀吉臨死之前，據說為自己的子孫煩惱不已，其晚年是悲劇的。家康與秀吉之間的不同，只要從貓型與狗型思考其間性格的差異，即能充分地瞭解。

而織田信長擁有異於此二人的雜種狗型人的特色。實業家中有許多雜種貓型人活躍舞台而成功的例子。戰後的日本財界，運用獨創構想而成為巨富，或從他人想不出的著眼點上想出賣點，被認為是立志傳型實業家的人中，以這種類型居多。

這種人和雜種狗型不同的，是性格上多少帶有女性的特質，對人的好惡非常明顯，一旦對某人癡迷即完全犧牲奉獻，在工作方面也全力為該人付出。有艮好的構想、獨特的創見，因而畜積財富。理光的創業者市村清先生、本田技研的本田宗一郎先生、秀和的社長小林茂先生等，都屬於貓型人。

東寶的創業者，在戰前戰後的日本財界，持續獨特性活躍的小林一三先生也是其中一人。小林先生在青年時代，曾經服務於銀行，卻因才能不受認可而沒有突出的表現。當時的上司池田成彬先生曾說如果小林持續在銀行工作，大概沒有出人頭地的機會。

辭掉銀行職務獨創事業而掌握機運的，也是雜種貓型人的特色。

不過，雜種貓型人失敗之後，所造成的負面影響極大。

高速成長時代，在媒體界造成話題的一流公司中發生重大糾紛的，就有這樣的企業。有許多人從零起步而一躍成名，並建立龐大的財產，但是，其生活方式變成悲劇性的結局也不少的，乃是雜種貓型人的特徵。

在戰後大展鴻圖而隨著高度成長運勢越來

越強，而後來因石油危機又倒閉的公司中，也常見這類例子。

除了上述的人之外，電視節目『笑又何妨』的主持人田森先生、儼如靈界代言人的丹波哲郎先生，及野坂昭如先生、小澤昭一先生都屬於這種類型。而美國屬於這種貓型的實業家，多半有其獨特的生活方式。

日本女性常見個性貓型人

▼波斯貓型 ©

五官端正具有圓感而眼型可愛的類型。彷彿日本招財進寶貓的臉孔、體態，身材渾圓，悠閒自在的女性化的感覺，感情脆弱容易落淚。雖不是俊男美女，卻給人美人的印象，不論男女都受人歡迎。看見這種類型的男性，會誘導女性的母性本能；而看見這種類型的女性，會使男性彷彿面對母親一樣的仰慕。

日本女性最常見的就是個性貓型人。和狗型人不同的是，缺乏主動積極與人交往的熱情，不過，如果對方態度積極則會與之配合。

這是自古以來的所謂的「龜型臉」「滑稽臉」類型的臉孔。不過，獨具個性的魅力，一旦見過面的人，絕無法忘懷其臉孔。喜好飲食的樂天派，有時會做出令人訝異的行為，然而本質是認真的努力家。

從前在日本的電視節目『週末人』中相當活躍，日後成為大明星的泉濱子，就屬這種類型。吃苦耐勞努力不懈而擁有深厚的實力，庶民化的氣質不論男女都對其產生好感，但是自己絕不主動去喜歡他人。本質上是不耐寂寞者，明顯地表示對人物的好惡，甚至給人對討厭的傢伙不理不睬的印象。

個性貓型人的男性多半擁有獨特的才華，在電視上有許多符合這種類型的明星。譬如，在電視擁有廣大人緣的片岡鶴太郎先生，或『男人真命苦』飾演寅先生系列，深獲一般觀衆喜愛的渥美清先生，以短劇五十五號踏進演藝圈而活躍舞台的坂上二郎先生，都屬這種類型。

這些明星所共通之處，乃是都具有招財進寶貓型的渾圓體型。雖然不俊俏，卻有親和力，擁有個性化的生活方式。

貓、狗中間型人的人物相

有些人並無法清楚地畫分屬於上述兩種基本類型，亦即貓或狗型的人。那是同時具有狗的要素和貓的要素，無法清楚地畫分哪一類的類型。

沒有明確的生活態度也不向他人表示自己的觀念。根據狀況可能像狗一般表現順從與溫和，而有時又會產生叛逆，變得歇斯底里。長期交往之後，卻無法掌握其觀念與人品，令人倍感費神的，就屬中間型人。

生活中缺乏感情，雖然有慾求不滿卻善加掩飾。可以和任何人相處，卻鮮少暴露真正的自己，警戒心比一般人強。對任何事物都有興趣與強烈的好奇心，然而常會半途而廢。

第二章

分類測驗與職業適性

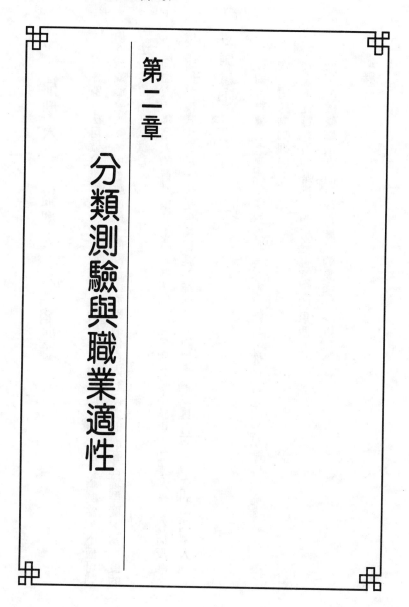

「狗型人」「貓型人」分類測驗

有許多方法可做為瞭解是貓型人或狗型人的線索。而在此介紹一個診斷測驗，不僅可判斷外觀或形象，甚至可了解性格上的部份，亦即潛伏在內心深處的潛在性貓型度、狗型度的方法，各位不妨試試看。

狗型人和貓型人的行動模式上有一些不同。在各個測驗中請思索如果是你會有何反應？根據該行動模式來分析，你是何種程度的貓型人或狗型人，或具有兩者傾向的中間型人。

※測驗①

和約會對象走進餐廳。當對方叫一客咖哩飯時，你是否也同樣點咖哩飯呢？

(A)、同樣點咖哩飯。
(B)、不在意對方的選擇，叫自己喜歡吃的東西。
(C)、選擇價格相當而自己喜歡吃的東西。

※測驗②

想搭巴士卻發現幾乎客滿。但是，勉強擠進去還可搭上。站牌上寫著巴士每隔五分鐘會來。那麼，若是你會等下一輛巴士嗎？

(A)、覺得再等五分鐘費時而搭上車。

(B)、認為下一輛車也是大致的擁擠情況而搭上車。

(C)、再等下一輛看看。

※測驗③

在旅遊地因頭痛而痛苦不已時，有一個親切的人拿出藥來跟你說：「這個很有效喔。」你會立即服用嗎？

(A)、表達謝意後服用。

(B)、先收下藥物過一陣子再服用。

(C)、告訴對方：「不習慣吃的藥會過敏，不能服用。」表示拒絕。

※測驗④

因某個意想不到的機緣，被邀請出席某國王室的宴會。宴會的日期就在明天，你的心情如何呢？

(A)、認為可能興奮得睡不著。

(B)、雖是高高在上的王室貴族，對這等事並不在意。

(C)、認為自己怎麼可能出席這麼盛大的宴會而希望他人代替。

※測驗⑤

星期天走在馬路上發現一群人潮。雖然好奇地想要知道發生什麼事，卻有急事。那麼，你會怎麼做？

(A)、過去窺視一下。

(B)、因有急事而不理睬。

(C)、向附近的人詢問發生了什麼事。

※測驗⑥

看電影或閱讀書籍感動不已時，渴望告訴某人自己所看到的電影或書籍嗎？

(A)、想向衆人詳細地說出電影或故事的情節。

(B)、想向大家表達自己的感動，並建議他們閱讀（觀賞）。

(C)、並不告訴他人。

※測驗⑦

一輛白色的轎車駛進森林內。車上坐著什麼樣的人呢？你腦中所浮現的是？

(A)、情侶。

(B)、一名男子。

(C)、一群家人。

※測驗⑧

一頭長髮的女子走進美容院，一個鐘頭左右後她剪著俏麗的短髮出來。為何她把一頭秀髮剪短了呢？

你所想到的理由是？

(A)、從明天開始要到銀行上班而剪掉頭髮。

(B)、因失戀的煩悶乾脆把頭髮剪短。
(C)、在美容院被美容師遊說剪短髮較合適。

※測驗⑨

你必須在南邊的島嶼上獨自一個人度過一個禮拜的生活。如果只能攜帶一本書去……。
(A)、推理小說。
(B)、聖經。
(C)、愛情小說。

※測驗⑩

如果必須用以下列舉的樂器中的某一種演奏同一個曲調，你認為那一個樂器較好？
(A)、小提琴。
(B)、豎琴。
(C)、橫笛。

※測驗⑪

兜風中的一對男女。女子一臉無聊的表情。你認為駕駛中的男子內心想著什麼事呢？

(A)、今天的約會真無聊，我們彼此也許不搭配。

(B)、難道他的身體不太舒服嗎？……。

(C)、如何才能讓他感到更快樂呢？

※測驗⑫

從「HART」這個字使你聯想到什麼？

(A)、戀愛。

(B)、撲克牌。

(C)、心臟。

※測驗⑬

你親眼目睹公司的女同事和一名有妻室的男子正要走進賓館。她似乎瞥了你一眼。那麼？

(A)、佯裝不知的通過。

(B)、悄悄地叫住她給予忠告。
(C)、只打招呼。日後再告訴自己的想法。

※測驗⑭

在高級餐廳約會並用餐，正要付款的時候。你一眼瞥見正要付款的男子的錢包，發現其中只有五千日圓鈔票。所支付的金錢是四千八百圓。那麼，如果妳是那位女子會有何感想？

(A)、認為對方過於勉強卻覺得也出於無奈。因為他到底是男人。
(B)、事後給他金錢各自付帳。
(C)、表示抱歉，花了這麼多錢而大為感動。並且獻上一吻。

※測驗⑮

和朋友約定見面，卻因家人有疾病而無法外出。看了手錶已超過約會時間三十分鐘，你該怎麼辦？

(A)、那位朋友瞭解自己。不做任何處置。
(B)、總之趕緊外出前往約會的場所。
(C)、央求某人代勞之後外出。

※測驗⑯

出席同學會時看不見從前與自己合得來的伙伴。這時候你會怎麼辦？

(A)、覺得無聊而提早離席。

(B)、既然來了就想辦法度過快樂的時光。

(C)、勉勉強強硬撐到最後。認為這也是一種交際。

＜採分方法＞

全部測驗完畢後根據下表確認你所選擇的答案的得分再計算總分。

項目	1	2	3	4	5	6	7	8
A	5	5	5	5	5	3	3	3
B	1	3	3	1	1	5	1	1
C	3	1	1	3	3	1	5	5

項目	9	10	11	12	13	14	15	16
A	5	5	1	1	1	3	1	1
B	1	1	3	5	5	1	5	5
C	3	3	5	3	3	5	3	3

總　分

16分～37分………貓型人

38分～58分………中間型人

59分～80分………狗型人

＜59分～80分　狗型人＞

你是所謂的狗型人，具有配合衆人的步調表現社交性的順應力。雖然也有保守的一面，然而生性開放、樂善好施、喜好熱鬧的場面。對某件事物著迷時會重視而維護，並努力不讓對方感到傷心。絕不會因心浮氣躁而對事物表現神經質的態度。

＜38分～58分　中間型人＞

你是中間型人。既有狗型的特徵也有貓型的氣質。多半會讓對方迎合自己，根據環境的變化自由地改變自己。在旁人眼中也許是心情起伏不定，難以捉摸的人，其實本質是狗型人。有時會有狗型人的態度或行動表現。平常則沒有特徵性的言行舉止。

＜16分～37分　貓型人＞

你是所謂的貓型人。擁有自己的觀念，看似妥協卻很難改變自己的主張，有個性化的思考與行動。如果為細微小事牽腸掛肚而變得神經質，則難以下決斷。整體而言，是具有女性氣質的浪漫主義者。屬於運用幻想力、創見而工作、談戀愛的類型。不過，不會像狗型人一樣勉強自己迎合他人。有明確的個人嗜好，對不喜歡的人會明白地表現討厭的態度。

「血統型」「雜種型」「個性型」分類測驗

不論狗或貓都有血統純正的正統產及野性、雜種型類。如果將老實的常識型、喜好循規蹈矩生活方式的正統派稱為「血統型」，則反體制型、喜歡求新求變的類型，可說是「雜種型」。

觀察人的性格或日常態度，有些人會直接了當的將自己的感情、慾望表現出來，而有些人則加以掩飾不暴露在外。榮格將情緒對外發洩的人所表現的適應型分兩種。表現感情、慾望而積極地適應的人分類為「外向型」。

利用狗做條件反射實驗而聞名的帕布羅夫在進行狗的實驗時，發現有兩種類型。其中一類是做實驗時立即習慣實驗的方式，對於平常令人討厭的實驗也有快速的反應，即使做特殊的實驗也能迅速地適應的狗。不過，有時反覆同樣的實驗會生膩而睡著了。

另一種狗的類型正好相反，剛開始難以習慣實驗的內容出現許多問題，動作也緩慢，做任何實驗都無法順利進行的狗。不過，這種狗一旦記住某個事項後會確實的遵守。絕不會反覆做同樣一件事而無聊地打瞌睡。

立即適應環境卻尋求變化的狗，是榮格所分類的「外向型」代表雜種型。相反地，動作緩慢順應力差，卻習慣之後變得沈穩的狗是「內向型」，相當於所謂的「血統型」。而不屬於上述兩種的中間型，依本書的分類稱之為「個性型」。

接下來請回答以下的測驗。不必深入思考，請憑直覺作答。

※測驗①

請仔細看下圖隨興連接其中的點。

不要將全部的點連接在一起。

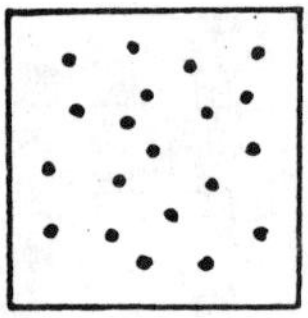

※測驗②

如果有人將贈送你以下其中一個禮物，你會選擇那一項？

(A)、實價十萬元的寶石。

(B)、現金八萬元。

(C)、一星期後揭曉的獎券十萬元。

※測驗③

如果是神明突然出現在你的眼前，祂告訴你下列其中某個年齡可以做為你今後人生的永久年齡，你會選擇那個年齡？

(A)、三歲。

(B)、十五歲。

(C)、二十五歲。

※測驗④

深夜突然聽到「失火了！」的呼叫。想跑出戶外卻看到一片火海。你的身邊有以下的東西。如果只能帶其中一個走……。

(A)、相簿。

(B)、不知裡面裝有何物的一個書類皮包。

(C)、最近剛做好的服裝一套。

※測驗⑤

眼前桌上兩個電話同時響起。那麼，你會……。

(A)、任由它們做響直到其中一個停止。

(B)、先拿起其中一個電話，任由另一個電話響個不停。

(C)、同時拿起兩個電話。

※測驗⑥

如果有一位大富翁要送你如右下圖所示三座別墅地的某一處，你會選擇那個地方？

※測驗⑦

有一位在擁擠的電車被踩了腳的女子。這位女子臉孔看不清楚。你認為她的表情如何？

(A)、哭喪的臉。

(B)、面無表情。

(C)、動怒。

※測驗⑧

出外遠足時，途中發現如圖所示的行程。據說三條路都可以到達同一個目的地。你會選擇那個行程呢？

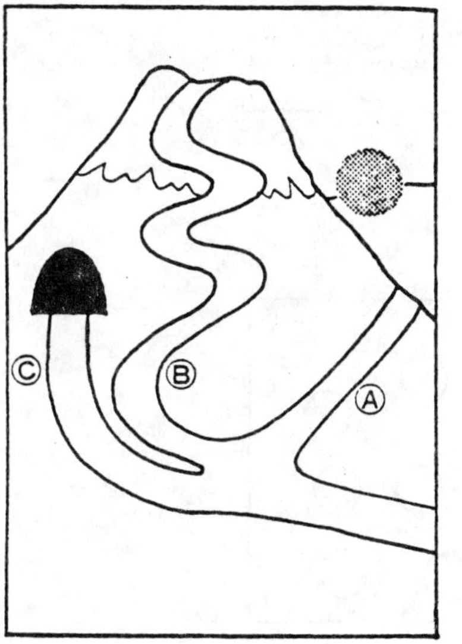

※測驗⑨

走進賽馬場，正好看到最後的賽程，四匹馬正積極地往目標猛衝。你認為那一匹馬會勝呢？

(A)、最前面的馬。
(B)、第二匹馬。
(C)、跑在最後的馬。

※測驗⑩

有一位女性正將咖啡倒進杯裡。你認為她已經倒進多少？

(A)、只倒一點點。

(B)、幾乎倒滿。

(C)、一半左右。

※測驗⑪

朋友向你借二〇〇〇圓。但是，你的錢包裡只有二五〇〇圓，你會怎麼辦？

(A)、告訴對方錢帶不多而拒絕。

(B)、告訴他只能借一〇〇〇圓。

(C)、如數借給對方。

※測驗⑫

左邊三種圖形中你最喜歡的是那一個？

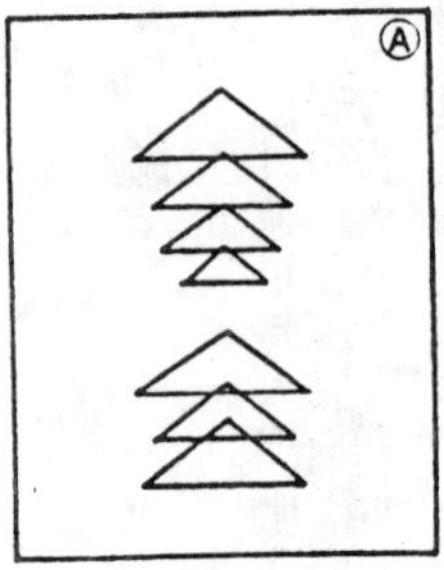

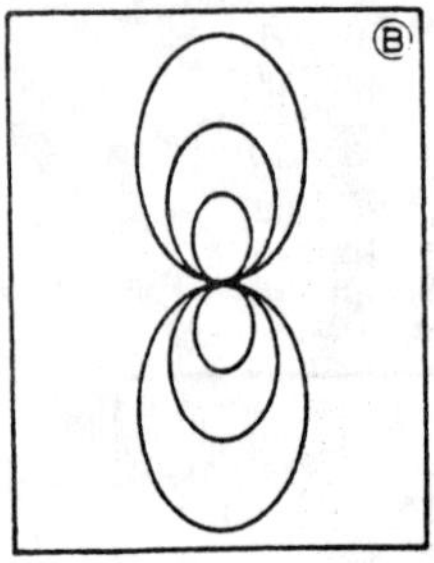

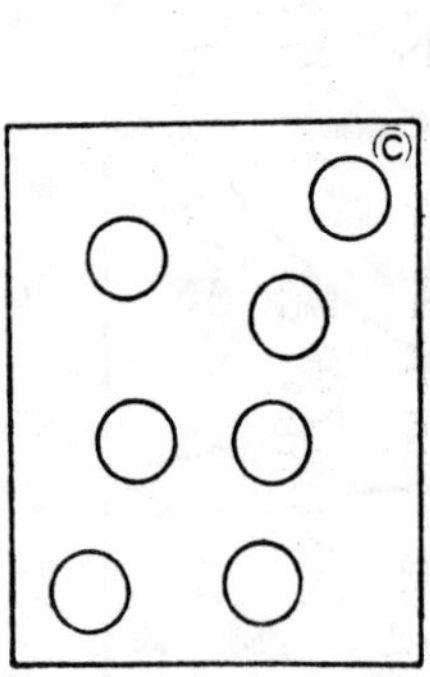

＜採分方法＞

請確認你畫下圓圈的答案，根據下表的得分計算自己的總分。

（測驗①的採分法）

檢查你所連接的點圖形，根據所連接的點的數目8點以下是Ａ、9～13點是Ｂ、14點以上是Ｃ。

項目	1	2	3	4
A	1	1	1	1
B	3	3	3	3
C	5	5	5	5

項目	5	6	7	8	9	10	11	12
A	1	3	1	1	1	1	1	5
B	3	5	5	3	3	5	3	1
C	5	1	3	5	5	3	5	3

總　分

12分～26分……血統型

27分～43分……個性型

44分～60分……雜種型

＜血統型12分～26分＞

與實際年齡相較起來，思考顯得老成的慎重型。嚴守傳統、古老的文物勝於追求流行。

服裝方面喜好質樸的款式，並不喜歡顯現個性的服飾。

多數人並不喜歡出席舞會或音樂會等熱鬧的場面。獨自閱讀或看電視，與志同道合的朋友交談反而來得稱心。打麻將時也會因牌桌上是否有與自己合得來的人而影響玩牌的興緻。

〈個性型27分～43分〉

屬於不冒險的常識人。雖然擁有生氣蓬勃的朝氣，卻不無理強求的安全主義者。懂得適度地燃燒熱情，適度地發揮財力的要領。平常踏實而努力，而在重要關頭會發揮獨特才華的個性派人。有時被認為是缺乏勇氣的人，而實際上只是掩飾其勇氣與積極性而已。

對嶄新的事物較感興趣，然而不會做出一頭栽進的無謀之舉。是具有近代品味的人。持守自我原則也許較為有益。屬於在安全考量下決勝負的性格，運用技術發揮才華。

〈雜種型44分～60分〉

這種人對於一般人想放棄的事物，也會積極地面對而湧現企圖心。平常的生活顯得生氣蓬勃，充滿著朝氣。

這種人如果悄然無聲時，可能被旁人誤以爲生病了。但是，對任何嶄新的事物都有興趣，對流行也敏感。一、二次的失敗並不引以為意。不過，率先行動而勝於仔細地思考、準備

，先行後思乃是其特徵，因而成功雖大，一旦失敗可能比一般人蒙受更大的損害，受年長的指導者、前輩之惠也非常重要。

養成開始進行的計畫必貫徹到底的習慣，會使雜種型人的性格更臻完美。不過，很容易受一決勝負對象的影響。

如果將狗型人和貓型人再分成「血統型」「雜種型」「個性型」三類，則可將人分成七種類。這也就是本書人類判斷法的基本。

以下再做一翻整理。

▼狗型人（動情的理論派）

①血統型狗型人（內向思考的人）

②雜種型狗型人（外向思考、人情味的人）

③個性型狗型人（領導者型、智慧型的老大）

▼貓型人（動感情的直覺人、敏感派）

①血統型貓型人（內向感覺的人、美的品味高

、自我意識強）

②雜種型貓型人（外向感覺人、神秘性、超現實性）

③個性型貓型人（感覺、感情派、易動情、重視義理人情的老大）

▼**貓、狗中間型人**

根據外觀、表情、言語、日常行動，再來分析上述七種類型的特色與職業適性。

選擇能發揮個性的職業

貓型人、狗型人各有其適合與不適合的職業。調查在各行各業活躍的著名人士，有一點可以確信的，是能夠充分地發揮貓、狗型人的特色，多半能獲得成功。

假設目前面臨從未有過的一職難求的時代，失業者與日遽增，然而在這樣的時代卻也是賺錢機會特多的時候。從事以往未曾想過的工作，或憑個人創見，賺大錢的機會也多。不過，如果無法掌握自己的能力與適性，縱然有再多的機會，恐怕也不清楚自己適合那些工作而錯失良機。

在日本的主持行業相當活躍的芳村真理小姐，高中畢業後，最初選擇的職業是褲襪廠商的ＯＬ。但是，兩年後決定離職，朝服裝模特兒的行業進軍而一舉成功。

日本女性生理用品「安妮」的女社長，坂井泰子女士構想出新製品，而決意開創事業是在二十七歲的時候。她當時只不過是服務於三井物產的一名平凡上班族的主婦。

日本名作家松本清張先生是在四十歲後半才成為著名的作家。本來是從事報社的插畫工作。

以『人間證明』一書，成為億萬富翁的森村誠一先生，青年時代是一名飯店從業員。當他在飯店的櫃台擔任小弟時，看見經常住宿其飯店的暢銷女作家，才動起決心當作家的念頭。

雜種型貓型人有許多生活方式異於常人的實業家。有的討厭循規蹈矩的生活，過著戲劇性生涯而變成大富翁；也有從零出發結果變成億萬富賈的人。美國常見這類典型的富翁。

美國大富翁、才華特殊的哈瓦特•修茲，一生的奇行異舉甚至被拍成電影。他不但擁有世界一流的航空公司ＴＷＮ，還有多數大型企業，資產高達數百億美元。據說他從不露面而委任代理人掌管經營的一切，只在電話做大綱的指示。當社會上謠傳他可能已不在人世時，隨即從某處傳出消弭這項謠言的情報。

當水門事件暴發，被追究以巨額行賄尼克森時，他也從未露面。

據說這位大富翁修茲有一項計劃，製造可謂現代的「諾亞方舟」重達三五、〇〇〇噸，打算選擇動物及十七名友人搭乘這座現代方舟。原因據說是聽著名的占卜師預言：「未來五年內全世界會因大洪水而毀滅」。這就是他製造現代諾亞方舟的動機。為此他耗費一二〇億元打算製造一艘堅固龐大的船。這個構想曾經在媒體界造成轟動，各界認為這不愧是具備卓越「洞燭機先」能力的修茲式構想。

據說聖經上所記載的諾亞方舟船，長三〇〇丘比特、寬五〇丘比特、高一二〇丘比特，分成三層。一丘比特等於四五公分，因而是一艘長一三五公尺的船。據說修茲的方舟船身長度是二〇〇公尺。

這位特立獨行的大富翁修茲的生活方式及言行舉止，是標準的雜種型貓型人。他一生的結局也不平凡，在一九七六年因飛機失事而死亡。

血統型狗型人適合知識產業

▼外觀與表情

若是女性，外表典雅又富知性。頭髮梳理整齊、多屬蛋型臉，男性喜好傳統的上班族型的服裝，領帶樸素多條紋狀，談話時會凝視對方的眼睛，做出柔和親切的表情，手上攜帶的手錶或物品屬於一般的水準。

▼言語和聲音

遣詞用句極為慎重，對自己所說的每一句話都極為用心。談吐方式雖較緩慢，然而要領好，講得清楚明白。談話只說重點沒有贅言，在說明時多半會利用圖表或圖畫做為輔助。

▼日常行動

遵守時間而不浪費。少加班而不刻意迎合上司。迅速確實地執行交代的事務，對自己的行動常有節制。清楚地劃分工作與私生活，鮮少宴請部屬到自己家裡。多半是自尊心強，對自己的知識、家品具有自信的人。選擇朋友而交往，有時尚會躲避在自己的象牙塔內。

▼男性的適職

適於在組織中腳踏實地拓展實力的類型，絕不無理強求。運用智能或技術，在既定的範疇內

展現自己的實力。遵守血統狗型信條往前進的認真者。無與倫比的「孝子」，建立典型的圓滿家庭，不過欠缺冒險心與決斷力，將來的成就與否，似乎取決於妻子的選擇。

根據常識的判斷而採取行動，不會有重大的失敗。知書達禮，對長輩、長上恭敬禮貌。富有正義感，不做違背良心的事。多少帶有安全第一主義的傾向，處事慎重絕不貿然行動。在旁人眼中，可能是個慢郎中，然而當事者卻不在意。不慌不忙一步步地往上爬乃是其生活信念。

對所謂的流行也不為所動，懂得在自己的經濟範圍內享受生活。由於腳踏實地，按步努力而不引人注目，其實當事者也討厭受人矚目。但是，具有和任何人交際而能適應形形色色者的社交性，因此，能受到衆人的信賴。

＜適職＞銀行員、一般公務員、外交官、教師、醫師、藥劑師、研究者、學者、調查員、製圖員。

▼女性的適職

處事能發揮平均能力的類型。但是，經常過於認真、慎重而無法順遂己意。最理想的是習得技術，發展花道、茶道等技能。雖然樸實卻具有高度的智能，足以發揮擁有的才華。

＜適職＞各種教師、會計師、營養師、醫師、電腦相關職業、褓姆、書法家、插花教師。

理想的職業是具備專業知識，能從事一個工作三年以上。最好是婚後能在家裡做的工作。不過，無法兼顧工作與家庭的類型。

雜種型狗型人是猛烈實行派

▼外觀與表性

臉孔呈四角型、下顎及臉頰骨堅挺。體格屬於運動員型。走起路來踏實又快速，聲音大得幾乎可以從戶外聽見，多半留鬍子或刻意改變不同的髮型。

坐在椅子上時，只淺坐椅子的前方，上衣口袋隨時帶著筆記本及鋼筆。

▼言語和聲音

話少，不擅長奉承。但是，多半先行後言，無法靜待守候。若有不稱意的事，會判若兩人地滔滔

論辯說服對方，然而卻不擅長在衆人前說話。

▼日常行動

禮儀端正、桌面經常保持整潔。耐力強，討厭落於人後。掌握目標即燃起鬥志。對自己及部屬非常嚴峻。不犯錯而有失敗時倍覺責任深重。如果招惹這種人則難以處事。

女性是屬於樂天派、不讓鬚眉型。不為小事悶悶不樂，重視現實，個性開放，對自己的外型打扮毫不在意。

▼男性的適職

具有耐性執著力強，絕不因一、二次的失敗而感到挫折。專注而持續地鑽研某一項工作乃是成功的關鍵。研究心旺盛會思考獨創的構想，在一般人難以想像的分野上掌握客人。發展獨特的技術是最理想的職業。

這種人在中年以後發揮自己天生具有的才能。重要的是必須有良好的知音者、部屬。重視妻室，若有懂得料理的妻子，更會燃起工作的企圖心。

是屬於男性度較高的類型。一旦決定的事，即使遭受再大的反對，也會頑固地執行。但是，往往疏於判斷而失敗懊悔。即使認為旁人的意見正確，也難以改變自我的觀念而強行貫徹自己的主張。

不過，對比自己能力強、地位高者，意外地表現忠實的態度且順從對方的命令。

〈適職〉推銷關係業、飛行員、運動員、警官、檢查官、法官、律師、PR關係業、觀光業。

▼女性的適職

本身狀況的良否會造成結果的極端出入。適合發揮自己才能的自由業型。觀念新潮，比一般人的思考先進，但是，實現的行動力不足。實行前過度顧慮成敗得失是其缺點。

〈適職〉各種設計師、文稿製作者、插畫者、美容師、文筆家、料理研究家、作詞家。

掌握發揮個人才華的機會，乃成功的第一要件。更必須努力地付諸行動。

個性型狗型人是人情家

▼外觀與表情

不太注重服裝或外表打扮，體格碩壯帶有老大的形象。在其身旁會感到一股威懾力，無形中會被其掌握。

往往噗通一聲的坐在椅子上，多半雙手抱胸、雙腳張開，瞪視著對方似地朝向正面。談話時，有時會手搭在對方的肩膀或碰觸對方的身體。

▼言語和聲音

聲大笑聲也大。即使和高級官員談話，由於聲音的宏亮，令人搞不清楚那一個才是上司。談話時常東拉西扯偏離主題。

▼日常行動

這是日本的經理常見的類型。受義理人情的束縛，無法坐視受苦受難者不管，而碰到做錯事的人，會嚴厲制裁，追究ＹＥＳ或ＮＯ，討厭半途而廢。

不過，失敗時會比他人更為寬宏大量並給予激勵。碰到有人調職或生病會親身而細心地照顧。

表現令人愛戴、親近的態度，討厭受人命令。

▼男性的適職

具有巧妙處理人際關係的順應性，天生受到長輩及晚輩的愛戴。不過，如果選擇不適合自己才能或個性的工作，會比一般人有更多的焦慮與煩惱。有時受義理人情的束縛而蒙受損失。無法拒絕他人的請求，因而多半擔任鎮內協調委員、雜務增多、交際應酬也多。從事與人接觸而發揮創見的工作，獲致成功的可能性極高。同時，絕不擔任與工作毫無關係的職務。如果娶到一位能將收入的一部份儲蓄起來，懂得持家理財的妻子則安全無恙。金錢必須委由某人來處理。

這種類型的男性是屬於把自己的工作與研究放在第一，並投入的類型。如果因家庭生活的繁雜而無法全心投入於工作，會對獨身時代抱持強烈的嚮往。

個性型狗型人年輕時候會因自信過強而有大失敗。行而後言之。若能以行動獲得認可，必可提高旁人的信賴感。擁有知己益友、優秀部屬乃是這種人成功的第一要件。不要忘了研究與努力，因為這乃是獲得正確的實力評價的最佳捷徑。

〈適職〉政治家、自營業、服務業、社會福

利關係業、觀光業、導遊、園藝關係業、總務、檢察官、林業、不動產關係業。

▼女性的適職

行動積極而好強，然而具有理解旁人感受的社交性。從事與人接觸而活潑地四處行動的工作，比事務性的工作較為合適。擁有強烈的工作運、金錢運。尤其二十歲後半所掌握的機會較大。要領好，足以使結婚與工作並存。

〈適職〉餐廳經營、服飾店、推銷員、秘書、通譯、導遊。

具有在與男性齊頭並行的工作中發揮實力的能力。

血統型貓型人適合媒體工作

▼外觀與表情

呈ㄟ字型緊閉的雙唇鮮少展露笑容。眼神銳利。儀表好具有自信，身高比一般人高，常穿白襯衫，喜好高級官員或上司所穿著打扮的類似服飾。

雙腳打開坐在椅上。攜帶的物品中會有一件引人注目或外國製品做為炫耀。與人談話時不太注視對方的眼睛。

女性坐在椅上會在意自己的姿勢。化妝濃艷。非常重視眼影化妝。

▼言語與聲音

談話中常提起著名人士或說外文。在談話的尾端語氣加重。喜好在人前談話。

▼日常行動

對比自己地位高的人表現順從而對部屬嚴厲。因談電話的對象在談吐上有極端的不同。同時，沒有和自己的同件、部屬相同的興趣。喜好引人注目，常有受人側目的發言或行動。重視學歷、家品。如果自己的學歷不好會刻意地掩飾。對部屬的好惡極為明顯。

▼男性的適職

情緒有高有低，對人的好惡也明顯。如果和

志同道合的人在一起則工作順利，若是碰到合不來的人，做起事來不順利也不起勁。但是，天生具有體貼心、樂善好施，無法拒絕他人的請求。不擅長賺錢，因而與其自己積極地從事某事，毋寧結交多數優秀的輔佐，以發展自己的才華，才是成功的關鍵。

這種人必須有合得來的顧客與部屬。抱持秘密主義，絕不暴露真心。雖然能體貼他人，卻在意他人的耳目而無法坦率地表現，是任性又難以捉摸的難耐寂寞者。

乍看下難以掌握其性格，雖然表面冷漠卻有顆善良的心。乍看下顯得剛強，實際上是神經細膩的人。說狠話時其實是在掩飾自己的弱點。

有時看似身邊有巨款，其實正為金錢而傷腦筋。對服裝極為留意，總是穿著高級服飾或做個性化的打扮。

＜適職＞設計師、美術關係業、會計經理業、電視等媒體關係業、飯店員、文學家、影劇明星、流行服飾關係業、化學家、天文學者。

▼女性的適職

經常慾求不滿、處事無法滿足。缺點是常變化工作而羨慕別人的工作，對自己的才能過於自信。具有卓越的社交性，在酒吧、夜總會成為人緣的焦點也屬這種類型。多半具有在藝能界成功發展的素質。

手。

〈適職〉空中小姐、模特兒、司儀、媒體關係業、酒吧老板娘、占卜師、電視明星、歌手。

適合變化多端的職業。但是，金錢的出入多，容易浪費，請特別注意。

雜種型狗型人是一決勝負的野心家

▼外觀與表情

臉頰骨凸出、下顎細小，而眼、額部非常發達。多半呈象棋盤上的棋子形狀。眼神冷峻，有時給人蛇眼的印象。可分為眼睛經常閃動的人，和從不眨眼睛兩種類型。動怒時立即表現在臉上，手部使勁而出汗。眉與眉之間常皺著縱紋。談話時手的動作大，會有舉起手的姿勢等。

▼言語和聲音

歇斯底里型，只聽其聲即知人。高興與憤怒時的聲調迥然不同。會出言不遜或突然改變話題。談吐方式以自我為本位，不擅長靜聽對方的傾訴。即使逕自滔滔不絕，也不引以為意。

▼日常行動

思考事物常以自我為中心，如果對方不依自己的意思而行，會表現叛逆性。擁有自己的理想與意見，鮮少改變自己的觀念。富強烈正義感而抗強權勢力。

▼男性的適職

經常感到迷惘又難以獲得滿足。多半因工作或金錢感到慾求不滿。家庭生活混亂時工作也會造成低潮。如果有哲學、宗教上的教養，必可發揮神奇的力量。不過，如果慾望太大或理想太高恐怕一事無成。必須具有從自己可能的最低範圍開始起步的勇氣。譬如，以三年實行計劃，一步一步腳踏實地的思考將走的路必有助益。

這種型的貓型人是野心家。不會因一點的失敗而感到挫折。處事會發揮非凡的能力而受到旁人的期待。具有大成的十足可能性，不過，和平靜、安和的家庭生活緣淡薄。同時，對賭博式的生活方式感興趣，與其一步步向前努力而獲致成功，寧追求一決勝負的類型。有時可能從零起步而致富，然而常見的情況是把大筆的金錢揮霍殆盡。

平凡的事物無法獲得滿足，經常渴望做出令人訝異的事。目標理想高，如果覺得自己比不上周遭者會感到焦躁不安。總是帶著極高的夢想而採取行動。即使有一、二次的失敗，也絕不改變自我主張。

多半會鬥志高昂地渴望為天下國家發揮己力，或成領導大衆的指導人。

雖然敵人多，卻具有卓越的說服力，足以使敵人成為同伴，具有一般人無法發揮的神奇能力。

＜適職＞勞工組織領導人、社會運動家、各種自由業、青少年指導員、登山家、政治家、法律家、冒險探險家、礦山技師、牧場經營者、警衛員。

▼女性的適職

心情有高有低、經常勃然大怒。尤其在人際關係上，很容易表現明顯的好惡。理想高經常抱持遠大夢想的人。

充滿著吸引男性的魅力，身邊常有護花使者。十歲代、二十歲代有許多職業上的機會。

＜適職＞服裝模特兒、畫家、帽子設計師、室內陳列設計師、鋼琴教師、舞蹈家、芭蕾舞者。

個性型貓型人心情起伏不定

▼外觀和表情

肥胖型、圓臉，比實際年齡看起來年輕的童顏。動作緩慢，坐在椅子上會將雙手搭在雙腳上。不擅整容，常見紊亂。容易流汗、手掌厚實。

從表情可清楚地看出心情的愉快或消沈。

▼言語和聲音

談話時會明顯地變得沈默寡言。如果心情不痛快，言談語氣上會變消沈，若有愉快的事，則又顯得興奮異常。

▼日常行動

具有體貼心，樂善好施。直覺敏銳，對他人的感受多所顧慮。擅長掌握部屬情緒的變化，卻可能產生無謂的錯覺。

不擅長命令他人。如果所下達的命令被部屬拒絕，隨即放棄而改由自己執行。一步步小心經營的類型，生性操勞靜不下來。

不過，心情起伏極大，難以掌握。工作以外的交際多，喜好邀部屬用餐、飲酒。

▼男性的適職

具創造力、幻想力，渴望經歷各種人生經驗，而不喜歡拘泥形式的生活，具有開拓自己機會的素質。在工作上不會立即選定自己一生的職業，多半做各種嘗試之後試鍊自己的可能性而獲致成功。

常有優秀的前輩、指導者、協力者相助，這些可能是造成成功的機緣。財運強，常意外地獲得巨金。贏得信用而獲得他人的協助。熱愛自己的職業乃是往前踏一步的捷徑。具有說服力而其中不乏愛說話的人。

另一方面，極為頑固又會表現以自我為中心的態度，其實本質是具有體貼心的人。因在意顏面或顧慮他人耳目而容易腆覥，無法坦白地表示對女性或旁人的關懷。

如果直接地表達內在感情也許能獲得妻子的信賴，然而卻無法用言詞來傳達愛情，在衆人之前反而會以冷淡的態度面對家人。而且略

帶任性，若不順遂己意則鬧彆扭。

這種類型者不適合在小組內工作或兼負重大的責任。適合輔佐領導者的輔佐役。具有直覺、靈感，多半能以占卜師而成名。

＜適職＞占卜師、各種顧問、司機、畫家、各種介紹業、百貨公司相關業、宗教家、美容師、理容師、推銷員。

▼女性的適職

具有做事即賺大錢的奇妙財運，三十歲之前有多數女性已成為巨豪。不過，經常變更工作，同一個職務無法持續三年以上。如果在職場上發生不快的事，即失去工作的意願。

＜適職＞實業家、通譯、速記者、播音員、秘密偵探、調查員、按摩師、海外旅行帶團者。

狗、貓中間型人適合自由業

帶有神經質而內向的性格。一旦擔心某事則牽腸掛肚。具有藝術品味，擅長歌藝。女性作家中也常見這種類型。

＜適職＞小說家、作曲家、CM作家、電視記者、歌手。

具有將自己的構想、夢想以文章做表現的藝術才華。

第三章

貓派和狗派的人際關係

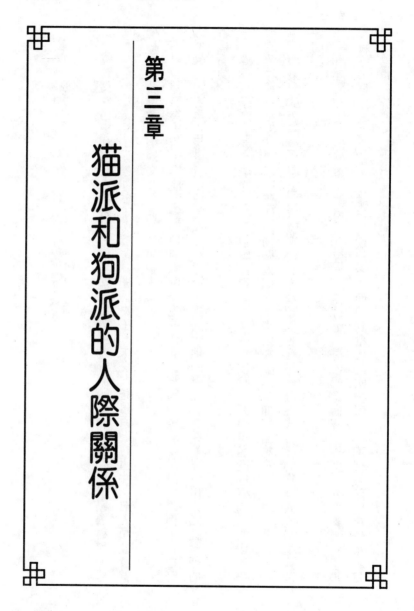

在公司、工作上的人際關係

將動物性格學利用在人事管理，而考察出「諾亞方舟測驗」的法國心理學家鳩魯傑・羅梅伊，認為根據人對動物的嗜好或態度，會反映在工作或人際關係上的個性。把人類社會譬喻為動物而思考其中的交友關係，的確耐人尋味。

以各種狗為主角，寫成漫畫的田河水泡先生的作品『野狗小黑』就是最好的例子。把野狗小黑的狗主角，用漫畫描繪其進入軍隊而至出人頭地的歷程，在在都浮雕出人類社會裡的各種面貌。

漫畫『野狗小黑』中的主角可謂雜種狗型人。既無教養又非出自名門的野狗。其中所描繪的連隊長，是牛頭犬亦即個性型狗型人，而上官則被描述為血統型狗型人。

如果把這個漫畫比照公司或職場中的人物類型，應可發現各式各樣的狗型人、貓型人及中間型人。

出自名門又保持優秀成績進入社會後，獲得上司信賴的是血統型狗型人。在青雲路上飛黃騰達，自然成為公司重要職務的候補者，而受到衆人的吹捧呵護。不冒險而處事慎重，具有卓越的分析力、洞察力及知識能力。

在一流企業中以這類血統型狗型人占主流。

尤其在舊財閥派系中，若非血統型則無出人頭地的機會。在日本令人匪夷所思的是三菱財團的公司，有三菱型的血統型狗型人類型，而三井財團則是三井派、住友系財團又是住友的血統型的狗型類型。這些公司的最高領導人物，多少可見其相通之處。

相對地，與學歷、扶搖直上的青雲路無關，而憑個人的特色發揮實力的營業相關的工作中，以雜種型狗型人居多。尤其是證券關係業、中小企業的創業者、利用創意商品一步登天的人，往往是雜種型狗型人。

雜種型和血統型是互別瞄頭的勁敵，在職場上有如犬猿之交。他們在生理上彼此厭惡對方，並排斥對方。

其中最獨特的是個性型狗型人（牛頭犬型）。

這種類型的實業家，年輕時常疲於奔波或機運難逢、遭受誤解。自己挑選的職場與個性或資質不合時，往往落得悲劇的下場。不過，如果掌握機會，可充分地發揮政治力而成為領導人物。

曾經在媒體界造成轟動的前三越董事長岡田茂先生就屬這個典型。原本只是一介宣傳經理的岡田先生，因大幅提高銀座店的營業業績，使得實力獲得一致認可，一躍成為名人，在轉瞬間榮登董事長寶座，令社會大眾大吃一驚。其實他在公司內的風評不佳，雖然人們批評他態度過於強硬，遇有反對者立即給予革職，然而他終於建造了所謂岡田王國。他那股威嚇他人的神奇風格，令人難以想像他是在慶應大學專攻法國文學的人。

個性型狗型人一旦成為領導者，即能巧妙地鞏固其能力與權威。尤其懂得運用雜種型狗型人，自己無法處理的事，全委派雜種型狗人來處理。個性型狗型人的四週，總是聚集著雜種型狗型人。血統型往往對這兩種類型帶有反感，而被這兩種型所建立的公司、組織排斥。

岡田先生擔任董事長之後，三越集團有許多優秀職員離職，也許正是這種現象的表態吧。在重建公司或建立新的組織模式上，個性型狗型人的力量具有極大的效果。

相對地，貓型人多半不屬於組織，而是與組織抗衡的勞工工會組織型人，或者運用特殊技術、才能對社會有所貢獻的人。

貓型人富有獨特創意，雖然在創業時代可一帆風順，然而卻不擅長建立組織或將自己的能力組織化，而在人際關係上失敗。

二十多年前留意日本年輕人對服飾的愛好，並一再開發新製品，幾可成日本人的「服裝革命」，這個造成一股轟動流行的「Van Jacket」的創業者石津謙介先生就是這種類型。貓型人如果不擅用狗型人所具備的實業家能力，則無法拓展運勢。

利用貓、狗式的人間診斷，做為職場上人際關係或從商者與顧客的應對方式、人際往來的說服法、交際法的分析，可說是非常有趣的發現吧。

美國社會學家在一九七八年發表的『成功的條件』中，舉出在現代社會與人交際時獲致成功的五個條件。

首要的條件是「帶著興趣與自己周遭者保持親近」。擴大自己交友的層面和衆多人親近往來，並對對方表示關心，乃是增廣人際關係的第一步。

坐電車時不期然坐在自己面前的人，首次拜訪的人家或在公司所認識的人。各位不妨將這些初見面的人比照動物，以狗或貓的種類做一番分類。試想他們符合本書所做分類的那一個類型。如果以對方的服裝、臉型、攜帶品、手的大小、整體的印象來做分類，恐怕是最好消磨時間的遊戲了。

以下針對各個類型說明掌握其心的方法，希望能將其應用在建立更完善的人際關係。

面對血統型狗型人首先說服其參謀

多半是繼承前代事業的第二代、第三代人。

對工作以外的事物感興趣。

這種類型者在商場上做重大的決斷時，事實上多半由另外的人下決定。

其實這種人並不受旁人的信賴，所經營的生意買賣乃委任部屬處理。與這種人談生意時，最後必須向擔任其秘書工作的人或助手做確認。

對方可能邀約你晚上的交際應酬，如果事事配合對方反而會造成反效果。

▼掌握血統型狗型人心的方法

這種人令人難以掌握是否對商業買賣感興趣。對目前的生活提不起勁，而對工作本身也不感興趣，甚至有逃避的傾向。

常見服裝不整、房間零亂、商品任意擺置。外表看來顯得頹廢，言行舉止表現給人有氣無力的印象。

一切委賴他人虛無主義者。即使對方積極地想談生意卻是愛搭不理。也不清楚表示YES、NO令人難以相處的人。與這種人相處，總令人有如置身五里霧中，那種毫無牽掛、毫無目的的舉止行為，使人無法捉摸其葫蘆所賣的藥。

而且，顯得有氣無力又有自暴自棄的傾向，如果肩負責任，常無法如預期完成工作。

在金錢的使用方面也毫無節制。

與雜種型狗型人交涉時必須整理證據

不會為未來的事感到悶悶不樂，一切委任形勢而定的類型。乍看下顯得冷淡，似乎並不傾聽他人的請求，其實多半會顧慮對方的感受而下決心。

不過，行動或發言有率性而為的傾向，恐怕日後會有毀約、不承認諾言、取消曾經協議事項的情況發生。這乃是這種類型最大的缺點。

對任何事情都想插上一手卻又往往半途而廢。

天生的樂天派，不會為未來的事悶悶不樂，言行舉止也顯得氣派。周遭的人往往為其善後，或實現其諾言而煞費苦心。

憑直覺行動又會輕諾的類型。事後通常會感到後悔或表現輕率的舉止。

啊，我錢多的是—
在社會上受人敬重

▼掌握雜種型狗型人心的方法

容易落入對方的掌握之中。興緻一高而輕諾時，常會造成無法收拾的殘局。

有時會瘋狂購買並不需要的東西，或不顧慮資金，插手搞起其他事業。即使簽訂的契約所獲得的金額龐大，卻可能在一、二天後被取消。

與這種類型者交談時，必須清楚地記錄彼此所交涉的事項。甚至必須由第三者介入契約的訂定或洽談的過程。雖然經營情況不佳，卻會佯裝大賺其錢的模樣。口袋空空而表現巨富派頭的就是這種類型。

個性型狗型人以耐力攻陷

凡事迎合他人的人情家。擔任鎮內公共事物協調員或對學校PTA積極地參與為他人奉獻己力的類型。多數都是具有自己的主義、信念的人。

重視家庭、母校、鄉土的人。

凡事討厭半途而廢，一旦著手必貫徹到底。無法坐視受困者於不顧，而一般是屬於保守的類型。自尊心強，看見自己的家人或自己信賴的人遭受責難會立即伸出援手的義理人情家。不過，感到不稱心會沈下一張臉來。

一旦與其親近或受到信賴，則永遠受到肯定，即使出現一點失敗也會獲得寬容地包涵。

工作上的老板或上司若屬這種類型，工作必可順利進行。不過，一旦受其厭惡或失去信用，必須花費相當長的時間才能挽回。

▼掌握個性型狗型人心的方法

和這種類型者相處時，必須嚴守時間或約定。而且必須比既定的時間更早出門。即使遭受拒絕，也要不辭勞苦反覆訪問，以博得對方的信賴。如果在大雨天或下雪的日子，一般人因天候而裹足不前時，做工作上的拜訪，更可提高對方的信賴感。

這種人並不汲汲營營於賺錢或提高利益，反而對名譽或地位具有憧憬。渴望異於一般人而對自己的特殊感到喜悅。

這種人非常重視同鄉人或前輩，如果請求這

些人代為介紹，乃是搭上線的捷徑。同時，必須積極地參與工作以外的交際，耐心地傾聽對方的甘苦談。

最好在午後拜訪血統型貓型人

躲匿在自己的巢臼內鮮少暴露自己的類型。凡事都採形式主義，雖然有工作上的交際，卻不做深入的交往，清楚地劃分工作與私生活而行動。

待人處世冷淡，即使有人為其盡心盡力也不表現愉快的神態。言詞又少，必須花費頗長的時間才能使其敞開心胸，即使交往時間已久也少有親近感。不會體貼對方的心情、感受，神經遲鈍動作緩慢。多半是行止隨便的人。

即使香煙的煙屁股塞滿了煙灰缸四處散落也不在意，時鐘慢了更不放在心上。這種人經常會忘了與他人的約定，輕易地取消商談、契約。

性格容易興奮，卻因個性內向而不表現出來。雖然容易孤獨，卻也有數名知交好友持續熱烈的交往。討厭變化，憧憬老舊的回憶或習慣，一旦痛恨某人則記取終身，反之，下定決心對某人表示忠誠時則至死不移。

因此，如果和某團體、某人結成知己則鮮少分離，也不會有失望或分裂的情況。如果被知己背叛有如椎心之痛。重視自古相傳的「交易」對象，也珍惜朋友或前輩的建議。

▼掌握血統型貓型人心的方法

雖然對工作似乎發憤圖強，卻多半不無理強求的安全主義者。缺乏訂定遠大方針的勇氣，變得因循苟且。與這種人接觸的方法，首先應先洽詢前任負責人的意見，或聽同業者的批評，以掌握其人品。

訪問的時機也非常重要。在其忙碌的時候拜訪，會令其難以應付而形成混亂。首先必須觀察對方的表情。碰到對方沈著一張臉，對你的招呼不表示回應，或莫名地感到消沈時最好放棄。一般而言，下午二時～四時比上午的情況較好，這時較有寬裕的心情傾聽對方的談話。

氣氛對這種類型者而言非常重要。很容易對訪客的服裝、髮型產生反應，因而必須以整潔清爽的打扮與其見面。坐在椅子上談話時如果能選擇斜側邊的位置，可以使情緒變得沈著。

不過，這種人在工作的談話中，多半會偏離

主題，你必須想辦法讓談話言歸正傳。

從談天說地攻陷雜種型貓型人

基本上屬於陰晴不定的性格，情緒起伏變化大，追求嶄新的事物又崇尚標新立異。雖有相當的集中力卻難以持久。猶豫不決欠缺活動性。看見商品會以直覺的感受立即判斷好惡。情緒化、刺激化、對特異行止興趣濃厚，有時會造成感覺上的混亂。如果在同一個時間內處理不同的事務，很容易手忙腳亂。強烈而容易變化的感情，會阻礙其情緒上的統一，造成說謊的情況。這些人多半是雄辯家或言辭犀利的批評家，大部分在帶有自卑感或不滿的時候做為宣洩口，態度甚至相當粗暴。

▼掌握雜種型貓型人心的方法

和這種類型談話時，如果以對方專門的職業為話題多半適得其反。譬如，因為對方從事設計師的工作

煩悶
煩悶
煩悶
咦？摩登？可真時髦啊！
目前那些衣服正流行呢？

，如以服裝為話題，反而令對方感到厭惡。

一般人以為談論對方專門的行業，必能使對方感到稱心地侃侃而談，事實上必須顧慮時間與場所。人都有在工作以外時渴望遠離工作話題的潛在意識。如果在閒暇時談論與其專門職業毫無相干的高爾夫或棒球的話題，反而一拍即合漸趨熱絡。這種人對於在私生活裡仍要談論工作的事感到厭惡不已。

懂得在這方面特別留意的是酒店、夜總會的女侍。尤其是資深的個中老手，絕對不談論與顧客的職業、生意上有關的話題。

專家在談論自己專門的事情時，具有一種職業上的驕傲。即使和同業者談論也不喜歡和外行人訴說。如果在專業以外有卓越的興趣，這種人倒喜歡他人提起此事。

據說美國前總統艾森豪打高爾夫時，絕不和談論政治者說話。任何人都有這種類似的心理。

讚美個性型貓型人的攜帶品

情緒有高有低，與初逢乍識者可能一拍即合，也可能立即感到厭惡。喜好表情豐富的談話，懂得如何愉悅對方。志氣相投時聊得起勁，如果你的人品獲得賞識，這種重義講情的人，在工作上會助你一臂之力，陷入困頓時，也會伸出援手。

不過，別以為一切往來順暢今後必可一帆風順，可能在意料之外遭受莫名所以的打擊。個性型貓型人會為一點小事動怒，在對方情緒不佳的日子前往洽談商務都沒有善果。夫妻爭吵或碰到不快的事情時，態度上明顯地表現不同。被他人指責缺點或傷害到自尊心時的打擊非常大，有時會幾近歇斯底里地大發雷霆。

▼掌握個性型貓型人心的方法

剛開始多半煞費苦心。這種類型者討厭談論自己專業的事情，然而對於興趣或專業外的事物，會誇示比一般人更為純熟或知識豐富，渴望展現這些才華。

業餘的攝影師可屬其典型。做錄影拍攝的人「展露身手」，遠比製作的過程更令其感到喜悅。

在興趣中其實並非自己獲得滿足，而是體驗讓對方「觀賞」的快感。男女之間雖然表現「令

他人觀賞」「表現給他人看」的慾望多少有些不同，以男性而言，代表這些慾望的是手錶、領帶、汽車、收藏品等。

如果看見手上戴著特殊的高級錶的人，不妨讚揚對方一聲，同時也不忘了搭乘進口車前來洽談的顧客的車子。如果發現對方身上所穿戴的物品中異於常人，應立即當做話題，如果你是推銷員，這便是掌握顧客心理極有效的方法。

最初五分鐘是攻陷中間型人的關鍵

鮮少觸景生情，會先思考之後再做反應的類型。警戒心強，拿到他人名片時會仔細比對對方的臉孔與名片，觀察相當敏銳。不做公事以外的閒聊，立即詢問對方訪問的目的。清楚地表白YES或NO的立場，如果覺得這筆生意有賺頭，立即應允對方的條件，若覺得不行則斷然拒絕。即使耐性地說明，努力地博取對

方的興趣，也於事無補。

一有構想立即實行的行動派。做生意時一有好的構想立即想付諸實行。不過，凡事以自我為中心，若不順遂己意則不稱心。討厭靜守家中而四處活動。朋友並不多也不會胡亂花錢。世俗的奉承話絕對行不通。

▼掌握中間型人心的方法

與其多方舉例說明，不如單刀直入訴求現實點。拿出商品的說明書或資料和其他商品做比較。一旦獲得認可，則會表現積極的態度。

這種人的腦海中，經常描繪具體的事物，會和眼前的事物做比較。與其用巧妙的言詞做說明，毋寧利用圖畫或圖形做解說，較容易獲其理解。這種類型會清楚地劃分公私，討厭在私生活上提起工作的事情。

商談開始的五分鐘，對這種人非常重要。在這五分鐘內，如果不表示興趣與關心，再耗費時間爭取也無益。

兩種女性類型的對立

住在社區或公寓內的女性，很容易出現兩種不同的類型。其一是生活樸素穿著打扮及攜帶的物品並不醒目的女性，這是所謂「雜種型貓型人」的類型。其二是隨時追求嶄新的流行而注意服裝打扮，且話題豐富的女性，這是所謂「血統型貓型人」的類型。

這兩種類型在無形間會自成黨派表現不同的行止。在這兩個團體中，必定會出現帶頭領導的老大型的貓型女性。帶頭統合團體的意見並交換各種情報。雜種型貓團體中出現雜種型貓的領導者，血統型貓團體中則出現血統型貓的首腦人物。

一般社會也有類似的現象，如果有十位以上的女性共同採取行動時，會自然地劃分這兩種團體類型。

到社區推銷商品或PR時，如果不能掌握這種情勢，多半會落得嚴重的失敗。譬如，到該社區被認為舉足輕重女性住宅拜訪，而感到江山已定，卻因為這位女性是「血統型貓型團體的領導者」而受到「雜種型貓型團體」極力反對，使得整個推銷活動一敗塗地。

到首次拜訪的地方要發現這兩種團體類型領導者的確困難，不過，如果觀察到學校或幼稚園接送子女的主婦，應可理解這兩類型的不同。當五～六名婦人交談著前往目的地時，自然地就形成這種類型。

一般人絕不會和自己的類型完全不同的女性交談，而從接送兒女上下學所穿著的服裝，也可看出團體的不同。同時，不同的兩個集團會彼此批評、談論對方的服裝。

遊說投保或募款時，根據所接近的是那種團體的人，在效率上有明顯的不同。如果能找出這兩種不同團體的領導女性，首先說服這些人，必可獲得整個區域所有女性的支持。

那麼，如何去發現這兩種類型的女領導者呢？

當四～五人在馬路上步行時，最具影響力的女性一般都會站在行列的正中央。到這位女性的家裡拜訪時，常會有鄰居上門或附近的兒童聚集一起玩樂。如果到該地的美容院或化妝品店尋求線索，一般對血統型貓型人的領導者的風評非常好，而對雜種型貓型人的首腦人物卻多有訴病。反之，在蔬菜店或米店，雜種型貓型人領導者的風評反而較好。諸如這般，兩種團體的領導者，在該地人們的眼中有不同的評價。

另外，髮型也是判斷的重要關鍵。血統型貓型人的領導者對髮型非常留意，總是梳理整潔光亮，而雜種型貓型人的老大則不在意自己的髮型如何。挨近前去，會聞到血統型貓型人散發一股香水或保養香水的味道，相對地雜種型貓型人，則使用整髮油等香氣不濃的化妝品。

如果仔細地觀察女性團體中這兩種類型，一定可以從中找到許多有趣的事。

說服女性顧客的推銷絕招

向這兩種團體做推銷遊說時，如果不因人制宜往往會失敗。

一般而言，雜種型的領導者對於地位、名譽、學歷等知性能力，生活力帶有憧憬，如果不據理說服則難以成功。如果讚美這種類型者所穿著的服裝或攜帶品，只會受到輕蔑。不過，對於儲蓄的願望非常強，可以做為攻擊點。尤其是升學紀念或以各種目的而儲蓄的意慾特別強。如果聽說對方的兒子考上一流名校，得立即拜訪並給予說服往往會意外成功。

相對地，血統型領導者喜愛追求夢想而偏離事實。「出售夢想」遠比宣傳商品或舉例說明儲蓄的各種方式來得重要。這種類型的女性如果購買「汽車」，並非看中汽車所具有的實用性或便利，而是追求汽車所具備的「高級」品味，其購買的乃是汽車給予的「夢想」。

雜種型的女性看見三個一○○元的蘋果趨之若鶩，而血統型者則對一個一○○元的蘋果折服。雜種型會先在腦中描繪「金錢」，血統型第一個想到的卻是「夢想」。

面對這兩種類型的女性，當然必須以完全不同的推銷說服法來遊說。

大部份推銷的失敗，都是因以同樣的手法說服這兩種類型的女性所造成的。

使人際關係成功的構想

最近有許多一流企業在錄取考試中仍然實施面試、性格測驗。為了揣測人的潛在能力、人際關係的態度而有各種心理測驗或性向測驗，然而這些測驗到底能看出多少人的可能性呢？相信有多數經營者對其效用仍帶著疑問。

法國著名的心理學家米薛爾・果克蘭針對將來志願成為軍士將校的三十名軍人做過心理測驗。而其前題是「利用這項測驗結果將可評斷是否有升級的可能」。這個測驗使用在心理測驗中信賴度極高的羅金茲懷克P・F測驗（繪畫式欲求不滿測驗）。

但是，三十名受驗者的診斷結果完全一樣，而且都屬於羅金茲懷克的「內罰型」。換言之，當受驗者聽說利用此項心理測驗，可以決定將來是否升級之後，會產生異於平常接受測驗的心理，渴望使自己表現得更好，獲得更高的評價。因此，幾乎都選擇具有良心的答案、安全的答案。

所謂「內罰型」是指對於碰到不快或對自己不利的事，採取何種態度去面對的測驗題，不把原因歸在對方身上，或對旁人發洩不滿，而認定完全是自己不對、自己應負責任的方式作答的人。

基於遴選未來幹部的目的而進行心理測驗，受驗者在作答時，並不會坦率地表露自己的真心，只想表現被認為理想化的人格。心理測驗有時根據其目的並無法做客觀性的診斷。

H・蘿拉賀爾曾說：

「我認為目前仍有不少並未做充分檢證其有用性的測驗。……（在錄取考試）有時甚至左右了被評價者的命運，彷彿醫師使用未被驗證的化學藥劑一樣，是缺乏良心的方法。根據不值得信賴的測驗，或雖然清楚所利用的測驗值得信賴，卻不知如何使用或讓不成熟的心理學家來做人格診斷，恐怕會使受驗者遭受不平等的待遇。根據個人的經驗，多數的人格測驗的信賴度都有過大評價的嫌疑。」

在目前的階段只靠單一的心理測驗，並不可能作客觀的評價。因此，應該配合兩種以上不同種類的測驗做診斷，並不惜花費功夫去做。

在這類心理測驗、人格測驗的現狀中，漸漸受到矚目的是，根據個人的外型特徵、臉或手的形狀、筆跡、談吐方式、肢體語言等人的「表現作用」做科學化研究。

若要達到初次見面即判斷對方的人品，或揣測進公司不久的新進職員的人物，或判斷相親對象的性格等短期內在對方不知情下，視穿對方的心理或發現其才能的目的，心理學上的性格測驗事實上毫無助益。而且，在日常生活中採取向對方提出問題，以確認其性格人格的診斷方式，幾乎是不可能的。

推銷員在與顧客應對的過程中，多半會自然地判斷對方的性格或慾望，然而如果像考官向考生出題一樣對顧客作「心理測驗」，必定會令對方感到不快甚至動怒。

當人際關係漸漸機械化、組織化後，如何儘早理解對方乃成必要的課題。雖然根據相當高度的科學資料所考察出來的人格測驗、心理測驗也日形重要，目前隨之而起的，純屬個人直覺的人類判斷、人類鑑定的知識，也是人們所迫切需要的。

譬如，我們來設想公司的幹部與部屬之間的關係。對於利用科學方式的心理測驗所鑑定而錄取的部屬，也許電腦可以教導幹部這些部屬的個性或才能。但是，在每天的工作中，與這些部屬保持人際關係的並非電腦。幹部必須面對每一個在平日工作狀況中，容易產生動搖、受傷害、變化的部屬相處。而且，有越來越多的公司是由一名幹部統率數十名，乃至數百名的部屬。在此種現狀下，迅速地理解對方的心理狀態所要求的「人物觀察眼力」的技術，更有其必要性了。

在短時間內解析對方的人品或慾求的必要性，不僅是公司裡的人際關係，在日常生活中也漸漸提高其利用範圍，並且一再地擴大中。

▼「先入觀」會混亂人物判斷

平常我們在判斷初次見面的人，或遭遇第一次體驗的事件時，往往會根據自己過去的經

圖1

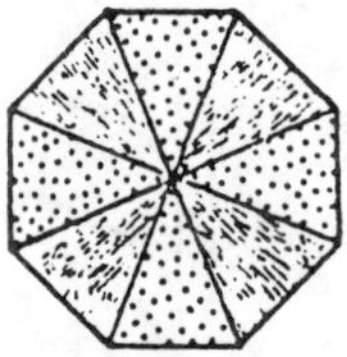
圖2

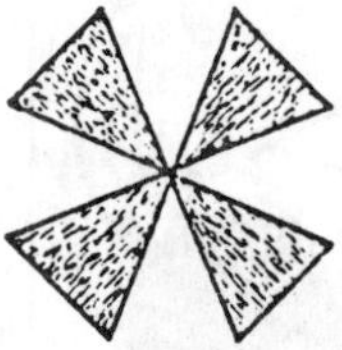
圖3

驗或以往體驗過的知識，來推斷對方是好人或這乃是重大事件等等。而且會根據職業上的一種直覺做人品判斷。警察在看人時，其評判的尺度便是根據過去所接觸的罪犯類型做基準，同時根據這個尺度比較。醫師在看人時，也是比較稱為病人的各種特徵去做判斷。

不過，這些先入觀或職業上的直覺果真能信任嗎？在思考這個問題之前，先做一個簡單的測驗。

首先請用三十秒鐘仔細地凝視圖1的圖形。三十秒之後再看圖2。相信大多數的讀者看到圖2圖形的瞬間，立即從這個八角形的圖中看見圖1的點狀。

接著請看圖3的圖形一會兒之後，同樣地再看圖2。這時看曾經看過的圖2之後，首先知覺的是斜線部份而非圖1的點形。這種現象並不只是圖形的知覺而已，在其他各種場合都會發生。看人的臉孔，也會根據觀看者的心理狀態而有不同的判斷。

其次，請看次頁右上的臉圖。根據觀看這個圖形的人的心境而有不同的解釋。看見這張人頭畫，有些人認為是年輕女子的側臉，而有人則認為是童話故事中出現的「老太婆」或「魔女」（這個測驗經常出現在

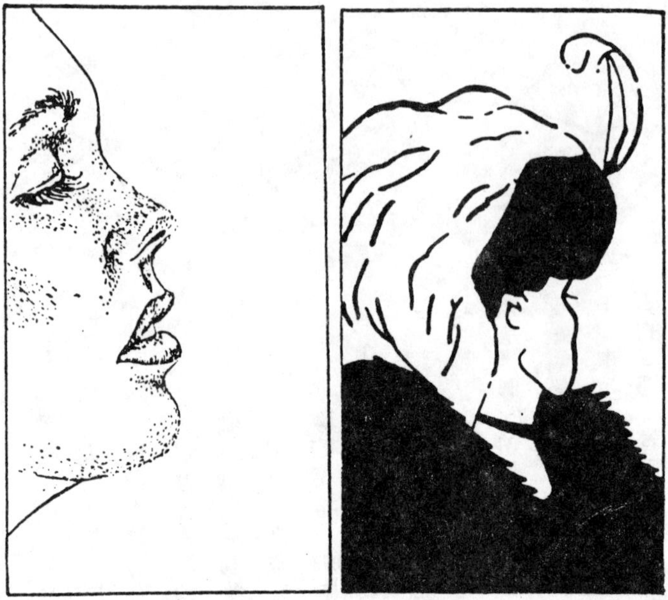

心理學的教科書，應該有許多人知道）。有些研究認為個性開朗的人，從這幅畫較容易發現「美人的臉孔」，而個性消沈的人則往往認為是老人的臉孔。由此可見根據觀者的心境，對人的臉孔的評價也有極大的出入。

觀察人不僅是心理的層面，根據個人的性別、人種、社會、地位多半也會引起觀察上的差別。

譬如上圖，許多人一定認為這個女子所接吻的對象是「男人」。從閉著雙眼顯得幸福的這位女子的側臉，我們忍不住認為其接吻的對象是個俊俏的男子。

但是，東方人和美國人看這幅畫仍然有所不同。在日常生活中經常有機會接吻的歐美人，和缺乏這種習慣的東方人在推理上自有不同。具有社會上的先入觀，認為接吻乃

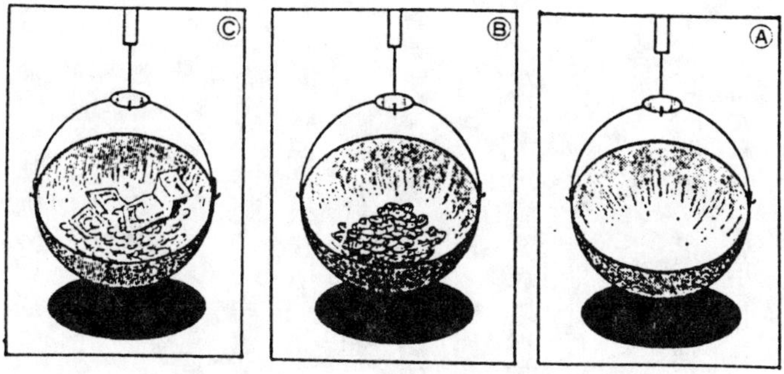

是男女間事的東方人，從這個圖形會反射性地想像對方是男人。

但是，若是歐美人則有更廣泛的聯想。從這張在男女愛情表現上顯得較為淡泊的圖形看來，歐美人直覺地會認為對方乃是「母親」，這幅圖是母親向女兒接吻的鏡頭。

做人物診斷時最容易犯下的過失是帶有某種特定的先入觀。尤其對所看見的人物帶有同感或反感等個人的情緒夾雜在觀察中時，容易造成判斷上的缺失。古來男女發展為戀愛關係後，演變成「情人眼中出西施」乃是其中一例。

根據人的臉孔、談吐方式、肢體語言等外型特徵做判斷，亦即憑藉表出的診斷的信賴性較低，也許是因為有太多這些主觀因素的影響吧。這種診斷法的最大缺點，乃是A的觀察者和B的觀察者的判斷結果會造成極大的出入。

這類現象在日常生活中經常可見。假設從事募款活動。如果有上圖所示三種「鍋子」，您認為那個鍋子較容易募得捐款呢？一般而言，有較多的人會把錢投進已有少許錢的錢內，而非空空如也的鍋子吧。

同樣地，在同樣募得金錢的B和C的兩個鍋子中，C比B較有可能募得多額的捐款。人的行動中在其動機或選擇上常有感情因素的引導。C的鍋子裡是十塊錢和一百圓紙幣，B只有放一塊錢的硬幣，接下來捐款的人會反射性地把C是放十塊錢的硬幣，B是放一塊錢硬幣，做為選擇的基準。

一般做為觀察人的重要線索乃是觀看對方的臉孔，其實還有其他各種的方法。

美國大財閥之一約翰•D•洛克斐勒，被認為是在不被對方警戒的狀態下觀察對方的名人。據說他是根據所觀察人物的同事，如何看待這個人以及其應對的方式、生活在何種環境下，一眼看穿對方的真面目。據說洛克斐勒會在假日突然造訪職員的家裡，不經意地調查其書架所擺的書籍而探索對方的「興趣」。

自古以來，日本的財界也有許多以特殊的方法做人物鑑定的人。

在日本水泥業界堪稱翹楚的先覺者，淺野總一郎先生具有卓越的觀人眼力。譬如，面試時將每個受驗者喚進社長室，調查其「男性象徵」的大小而判斷其將來性。據說某議員對於大多數到自宅拜訪的客人，會捲起和服的下襬強調自己身為男人的偉大，以說服對方做為初次見面的招呼，這種習慣只可稱得上怪異。

而大宅壯一先生也有一則類似的軼事。某次，大宅先生到鄉下的溫泉區旅行。在旅館的澡堂大聲地與朋友談話之後，回到房間突然有一名陌生的紳士前來拜訪。

「剛才在澡堂大聲說話的是您嗎？」

「是的。」

聽到這個回答後，那位紳士告訴大宅先生說：「像您這種聲音的人將來必有大成。」這位紳士只聽見在澡堂中談話的聲音，即認為大宅先生不同於一般人，日後必成為大人物。這件事是發生在大宅先生尚是一介沒沒無名者的時候。

另舉一例。日本文學家太宅治在其『容貌』的隨筆中，提到他走進新宿某個酒吧喝啤酒時，一名女子看見他的臉而做以下的人物判斷。

「你呀，彷彿是躲在屋頂裡的哲學家。自識甚高卻沒有女人緣。裝模作樣地搞藝術家的派頭是不行的呀！要捨棄夢想，不吟詩的詩人啊。喔！喔！你可真偉大喔！要到這種地方可先得看牙病一個月之後再來呀！」

做正確人物鑑定的面試法

與人應對從而判斷其內在各種慾望或個性的面試法，根據其目的而有不同的種類。在短期間內判斷面試者的人品或慾求的技術，在近年來已急速的進步。

有趣的是，這並非因面試成為錄取考試必要項目的需要而進步，乃是隨著調查消費者的購買動機，亦即動機調查的重要性，而被當做面試技術的一項問題。

人的購買動機有許多複雜因素的影響。某人選擇某項商品而購買時，該人意識中的動機或目的當中潛在的動機、當事者無形中所選購的無意識動機，都有相當的影響。而個人的性格、社會地位或生活條件也具有相當的影響力。因此，若要探討個人的購買動機，單憑詢問法或一般的面試並不夠。探討個人內心深處的心理面試法，已漸漸地受到重視。

▼第一印象難以信任的證明

有許多公司非常重視錄取考試中的「面試」。根據調查日本關西地方中小企業一八一家公司在錄用時所重視的項目，調查其順位發現以下的結果，並發現面試佔居重要的比率。

（計算得分）

第一位	面試	九四二	第二位	身體檢查	八三九
第三位	身家調查	七六一	第四位	常識問題	六九四
第五位	專門科目	五六一	第六位	性格測驗	四三六

面試佔相當高的比率。面試比性格測驗或筆記測驗等花時間嚴密實施的測驗，更受到重視，其實並不自然。況且，調查目前錄取考試的面試判斷法，發現其中在客觀評價這一點上有許多容易犯下過失的要素。一名主考官一天當中利用面試評斷三十位以上的應考者絕非易

事。

根據立教大學社會學系的松井賚夫教授的實驗，據說面試中根據第一印象來評斷受驗者的人格容易產生重大的錯誤。實驗的方法是在A室採取利用一分鐘的時間迅速地判斷人物，九分鐘後再進行面試，重新再評價一次的方法。而B室同樣地首先以一分鐘判斷人物，經過二十九分鐘之後再做評價，利用A、B室不同的面試法來做比較研究。

換言之，在A室花十分鐘、B室花三十分鐘進行面試，調查A、B兩室的第一印象及最後再次評價有何變化。結果發現時間越長，再次評價時越會有變化。

其實這種現象並不必利用松井先生的實驗，在我們平常的生活中都可經歷。譬如，相親的第一象並不好，卻在持續交往中越發現對方的好處；相反地，雖然初次見面的印象極佳，開始交談之後，卻感到夢想破滅。

▼面試中該提出何種問題

今後的企業成長，據說決定於公司內栽培什麽樣的人才。那麽，是否可以在面試中發掘人才呢？

有「經營之神」美稱的日本企業顧問，且最得人緣的田邊經營社長田邊昇一先生，也有各種奇特的人物鑑定法。

「錄用一名大學生在上市公司必須八五〇萬日圓，中小企業的投資額是六五〇萬日圓。因此，必須塑造一個有用的人才。在人才教育之前，必須嚴格挑選教育後能成為有用之材的人，錄用上的投資遠比教育的投資更應受重視，如何才能發掘人才呢？我們可以利用數以千計的測驗法，而這些測驗法果真有益嗎？」（取自田邊昇一『打破不景氣的經營』）

據說田邊先生的人物鑑定的基礎是「能力」「企圖心」「人際關係」。

以下所準備的問題是面試時做為判斷上述要點的問題。

①如果沒有金錢上的顧慮可以隨心所慾地做任何事時，會選擇什麽事做為終身的職業？

②是否有令你忘卻時間而沈迷其中的事？

③是否曾經書寫或發明、創造自己真的感興趣而認定是自己獨創的事物？

④休閒時從事什麽活動？

⑤最喜歡那一個學科？

據說針對田邊先生所設定的「人際關係」上的問題，利用以下的問題做檢證最為理想。

①和任何人都可以愉快地工作嗎？

②是否有渴望做朋友或一起工作的特定型的人？

③喜歡和他人共事或自己單獨處理事務？

④閒暇時渴望獨處或積極地找談話對象？

⑤對於他人若有個人的好惡請做說明。

據說除了上述的問題之外，「我的家庭」為題令考生寫作文也有助於人物判斷。田邊先生認為作文的評價，是觀察以上的各點再做評斷最為理想。

①觀察第一行和最後一行筆跡的混亂與否——判定「耐性」的程度。

②找出錯字——判定「注意力」。

▼野間式人物鑑定法

講談社的創立者野間清治先生，也是能發掘人材而培育其成長的經營者。

野間先生在其著作『繁榮之道』中提到：「有志創業者為了尋找人材發掘賢者，應拉長耳朵睜大眼睛努力去尋找。求人、探求優秀人材乃是事業第一重要的關鍵，它幾乎可以說是事業繁榮的要訣。」

野間先生認為每個人各有其隱藏的優點與「味道」。據說可以將人分成「甜、鹹、苦、辣

、澀、蘞」。

少年時代「溫和（甜）」的少年被認為是好孩子，而調皮搗蛋的少年令人厭惡，其實不同類型的人有其不同的「味道」。個性溫和的人，由於容易差使，受人的評價也較為寬容，在所有的點上常被認為是好的人物。但是，個性雖不溫和卻具有特色的少年，根據指導者的能力，若能善用其才並發覺其才能也有發揮之處。有些人能力不錯卻沒有出人頭地，令人感到匪夷所思，據說這種人只有甜味而缺乏其他的味道。因此，在做人物判斷時，不應該只根據某方面做立即的判斷。

野間先生認為在思考人物時必須有正反兩方向的考慮。譬如：「他是好人。但是，如果有事相求時會有何反應呢？難道會為我們盡心盡力嗎？」「個性懶散的人。乍看下毫不值得倚賴，不過，或許待人親切？」

野間式的人物鑑定法，可以說是探討不直接表露在外的另一個面貌的面試法。

搗蛋（？）面試的創意集

外國考察出許多構想，以便在短時間的面試中掌握對方各種的特徵。其中造成話題的是利用對面試者的「搗蛋測驗」，試驗受驗者的面試法。

美國心理學的教科書上介紹以下的點子。

〔例1〕準備一個沒有辦公桌與椅子，也沒有帽架的面試會場。又把房間內所有的柱子、牆壁上的釘子全部拆除。在這種情況下，主考官坐在唯一僅有的一張椅子上，對辦公桌批改文件。當受驗者進入房間，主考官仍目不轉睛地注視著文件只說了一句：「把帽子掛在牆壁上，請坐在椅上。」這個實驗便是觀察在沒有帽架、椅子的房間內，這位受驗者有何反應，並從而探討其行動模式。

據說這種面試有助於推銷員的錄取考試。如果碰到這種情況只走到主考官的桌前，一臉狐疑的表情等候主考官將工作處理完畢，乃是對工作缺乏積極性又沒有突破難關的能力；相反地，碰到這種情況會問主考官：「這裡沒有椅子也沒有帽架？」或向對方表示：「這太強人所難了。」這個人可以憑斷爲值得期待的推銷員。

〔例2〕由穆亞、基里蘭特這兩位心理學家所考察出來的面試中，有一個利用眼睛的動向，判斷受驗者是否具有攻擊性的方法。

首先讓受驗者做簡單的加法。譬如「28」加「11」、「29」加「11」、「30」加「11」，在主考官說停之前一直做加法的練習。在此之前，事先命令受驗者要盯住面試者的眼睛。這時主考官要計算受驗者在計算加法的第幾次岔開了眼神。

穆亞和基里蘭特選擇二十六名受驗者進行這項實驗。其中十三名具有非常強的攻擊性，另外的十三名並非攻擊性的人。根據這個測驗的結果，發現沒有攻擊性的人「岔開眼神」的次數較多。具有攻擊性格的人岔開眼神的次數平均是〇・五回，而沒有攻擊性感情的人平均約五・五回。

〔例3〕這也是美國的心理學書上所介紹的例子。同樣是做為判別是否能勝任推銷員的著名搗蛋面試法。

首先給受驗者以下的指示：

「請在這張紙上儘可能地寫自己的名字直到叫停為止。」

受驗者寫起自己的名字後，不久主考官拿出錢包，故意丟到受驗者的鉛筆上以妨礙其書寫。

某公司做這項測驗時，露出「不快的臉色」「憤怒的表情」的人，缺乏身為推銷員的將來性，而表情不變仍然持續書寫的人，多半是推銷員中的幹才。

「令人印象深刻者」的性格

請花三十秒注視次頁四個人頭照，再用手蓋住後，閱讀以下的文章。

這四個臉孔中令你印象深刻的是那一張臉孔?而你首先注意的是那張臉孔?

找出你的朋友來做這樣的測驗。也許大多數的人都得到同樣的印象。

從實驗結果發現C的臉孔最受人矚目。雖然只看過三十秒卻記憶猶新。相對地A、B、D並沒有明顯的特徵而鮮少留下印象。

容易給人留下印象或記憶的臉孔，在性格上也有各種特色。

曾經有個測驗，調查剛進公司一個月左右的新進職員，能記得同事臉孔的程度多寡，從中發現有趣的事實。測驗的方法是讓同一個時期進公司的新進職員，看全公司所有職員的人頭照後詢問:「哪一個人記憶特別深刻?」或「你認識其中哪些人?」

結果可以分成短期內清楚地記憶他人臉孔的人，以及毫無印象的人。這些人可以分類成以下的類型。

A類型——迅速記憶周遭者的臉孔，而當事者也能令他人留下印象的類型。

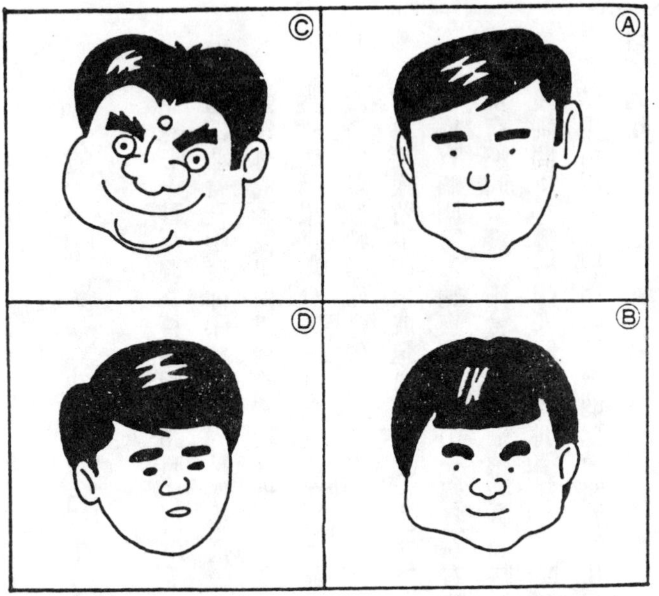

B類型——雖然迅速記得旁人的臉孔，而當事者卻很難令他人留下印象的類型。

C類型——幾乎記不起旁人的臉孔，而當事者卻令旁人記憶猶新的類型。

D類型——幾乎不記得旁人的臉孔，而當事者也難以令人留下印象的類型。

對臉孔記憶所表現的各種特色，在任何集團中都可發現。

以圖形來表示這些狀況，則如次頁上圖所示。這個圖中箭頭的方向是表示「從自己或從對方」產生記憶的方向。A類型是對他人有記憶的動向，D類型則毫無動向。至於C類型和B類型則只有單向的移動。

從幼稚園到進入社會，這種人際關係在各個階段會清楚地呈現出來。

我們如果用經常發生的學生運動為例說

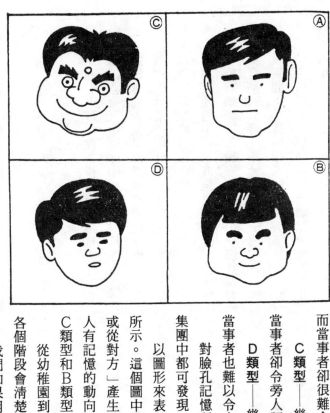

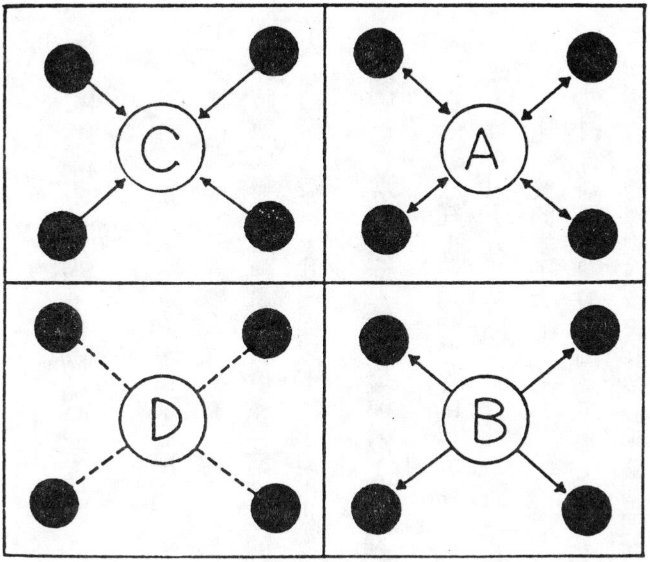

明，也許較容易明白。在學生中可以分類以下四種類型：

A類型——負責「臥底」的職務，潛入其他組織，自然地融和其內的宣導人。具有社交性、說服力、同情心。

B類型——立即受人煽動的單純學生。易動感情、富強烈正義感。缺乏充分的判斷力，智能在平均以下。

C類型——指導者又獨裁。學生運動聯合委員長類型。

D類型——批判性、有分裂行動、不滿份子。但是，不會將不滿、批判表現在言行舉止上，採逃避行為憤世嫉俗的類型。

當這四種類型的學生聚集而發展為學生運動等大組織時，其中A類型的團體會出現新的組合爭奪「主導權」，逐漸發展成權力鬥爭的對立態勢。出現三人以上的集團時，很自然地會形成這種的人際關係。

福爾摩斯式的人物觀察法

柯南・德伊魯所塑造的私家偵探「夏洛克・福爾摩斯」，可以稱得上最能充分發揮觀察人，或推理能力之神妙文學上的人物。他具有根據一般人所疏忽的細微末節，推理該人物的心理狀態或職業的神通。名偵探福爾摩斯的人物觀察法，有許多對我們在人物鑑別上幫助甚大的線索。接著，我們從以下的小說中來探討「夏洛克・福爾摩斯」式人物鑑定的方法。

＜例一＞從帽子的特徵做人物判斷

在『翠綠紅玉』中記載從陌生人留下的一頂帽子的特徵，推理該人物的人品、生活方式。帽子具有以下五個特點。

①比一般的帽子大。
②留有兩個穿帽帶的洞（不過，帽子上已沒有帽帶）。
③帽子的裡側殘留著許多似乎被剪刀剪掉的短髮毛絮。
④帽子有點髒，上頭有汚垢及數個汚漬。

⑤留下五個蠟的污漬。

從這五個特徵，名偵探福爾摩斯展開以下的推理：

①比一般大的帽子——頭部比一般人大，可見這個人「富有理性」。

②成年人的帽子，卻留有兩個穿帽帶的洞，可能是特別訂做或改造而成。應該是處事慎重，才會為避免被風吹落而刻意鑽兩個小孔，可見是「深思熟慮的人」；而目前帽子已沒有帽帶，表示不再像從前那麼處心積慮了。這乃是「性格漸漸變得脆弱的證據」。

③帽內留著許多短髮毛絮，乃是最近剪髮的證據。

④帽子留有許多污垢、污漬，是表示不做整理的人。這乃是和妻子不和，「失去愛情」的證據。

⑤留有五個「蠟」的污漬。這個人經常和沾有火的蠟燭接觸，由於當時瓦斯燈的時代，推理「這個人家沒有使用瓦斯」。

＜例二＞根據身材、服裝的判斷

①右手比左手大許多。肌肉特別發達。

②手的袖口約有十五公分的油光，左手手肘附近剪縫著滑亮的接布。

③右手手腕上部，刺有鱗片呈粉紅色的「魚」的刺青。

從這三個特徵，觀察其體型而推理這個人物是：「某段時期曾經從事手工，去過中國大陸，最近寫了不少文章。」

左右手差距甚大乃是用手勞動的緣故，右手袖口發油光，而左手手肘上縫有接布，是俯在桌上書寫的證據。而刺青（魚的）乃是根據從前只有中國才有刺青。

對於夏洛克•福爾摩斯式的觀察，同事華德森提出以下的疑問：

「聽你的道理總覺得過於簡單明瞭，連我也可以做判斷。」

對於這個質疑，福爾摩斯說：「你也看得見，不過，你並不做觀察，這個區別可差得多。譬如，你無數次看過從玄關走進這個房間的樓梯吧？」

「看過好幾次啊！」

「那麼，這個樓梯有幾階呢？」

「幾階？這個我可不知道囉！」

「是啊！你根本不做觀察。不過你倒是看到了。這正是我所要說的重點。我知道這樓梯有十七階。因為，我不但看過又做了觀察……」。

福爾摩斯這段話指摘出人物觀察的重點。對某人物只是漫然的「看」，和具有關心地「觀察」，其間乃大不相同。

第四章

商業活動的匹配性學

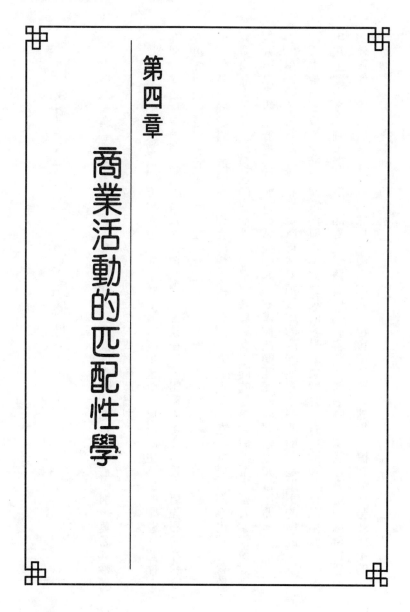

匹配性才是成功的實業家條件

有些人具有一股神奇的魔力，令人打從與其碰面的剎那，即自然地被吸引，莫名其妙地落入其掌握之中。這種類型的典型是個性型狗型人或雜種型貓型人。

如果第一印象認為對方給人感覺並不好，對方多半也會對自己產生不良的印象。個性型狗型人或雜種型貓型人的政治家、實業家中，常見在第一印象表現比一般人更強烈的好惡感。也許他們可看出彼此之間的一種匹配性。

理智上同意對方的意見，卻在感情上難以苟同對方的現象，在各種場合都會出現。對於實業家而言，與交易對象的匹配性，似乎更勝於男女之間的緣份。個性型狗型人、雜種型貓型人，為了找出能充分理解自己感受的人，顧慮彼此間匹配性的問題也非常重要。

在怎麼樣的場合會強烈地暴露實業家們彼此的匹配性呢？一般而言是以下的情況：

①臉型、體格、動作非常神似者，彼此反而容易厭惡對方。對於臉孔和自己相似的人多半在生理上會感到厭惡。這和面對鏡子觀看自己的容貌、體形時，莫名地產生一種奇妙感的現象類似。禿頭的男性看見同樣頂上滑溜的人，也會不知所以然地煩躁起來。臉頰瘦削的人無意識中，討厭瘦削臉型的人。

這種傾向並不只出現在臉型的雷同。坐在椅子上的動作和人的好惡也有關係。看見眼前的人和自己同樣的模樣，打開雙腳穩坐在椅上時，無意識中會對對方留下不良的印象。

從前，日本前首相吉田茂和河野一郎先生有如犬猿之交，據說難以和解，而這兩位人物匹配性之壞，其因是出於彼此間的動作非常相似。

②感覺對方也具備自己比他人更為優秀的特點，在生理上會厭惡對方。譬如，對自己的髮型具有自信，或談吐方式有某種特徵的人，看見髮型美麗或談吐自如的人，會莫名地厭惡對方。從事同一個職業的人，彼此在這方面的匹配性都不好。政治家對於與自己有同樣思想的同伴，反而比具有不同思想的人更為排斥。在各黨派內形成對立時，與其在思想上的對立，毋寧是感情上的憎惡所造成。網球名將和同是網球高手的匹配性不好，而和桌球的名人則有相當好的匹配性。

③對視而坐時，無形間彼此雙手抱胸的人匹配性不好。談話中一般人討厭雙手抱胸的對方。彼此匹配性好的人，不會在談話時做盤手抱胸的

動作。相對地會有擺動雙手或將手放在桌上，雙手表情豐富地自由動作。而女性對坐時，把皮包擺在自己和對方中間，多半是生理上討厭彼此的證據。

④對方如類似自己的親戚，多半會帶有好感。一般對於和自己的雙親神似的人，無意識中會產生好感。

由上述可見匹配性中有許多令人匪夷所思的傾向。如果隨意寫出自己所喜歡的周遭人物名字，並試圖找出這些人共同的特徵，也許更能淸楚匹配性佳的人所具有的形象。人的舉止行為中，會受難以理解的心理作用影響。

大多數在商場社會獲得成功的人，幾乎都能充分地懂得與他人的匹配性，將之運用在人際關係上。向銀行融資時，找一個與自己匹配性較好的經理人洽談也非常重要。

本章列舉實例，詳細地解說商界中的匹配性。

棒球名將廣岡和長島所呈現的工作態度與人際關係

日本棒球名將長島茂雄和廣岡達朗先生，經常被人做為對照比較的對象。從前某女性雜誌曾針對公司的ＯＬ做了一項問卷調查，據說她們的回答是情人或丈夫會選擇長島先生，而公司的上司則選擇廣岡先生。從外形的帥氣與體格的高眺看來，廣岡先生不是長島先生的對手。而人相上這二人也有極大的差異。尤其最近他們二人的臉孔出現了明顯的差別。長島先生的臉孔，在旁人不斷的吹捧呵護下。成為一切光榮及人緣焦點的象徵，已經開始呈現生活歷程一帆風順的第二代闊少爺的容貌，是所謂血統型狗型人。他的臉上已看不見從前那股男人的剛氣與魄力。

人的臉孔過了四十歲之後會急速地改變。在一連串的辛苦中成長的人，和隨時籠罩在光榮聲中成為人緣焦點而平步青雲的人，在人相上也會出現差異。在二十、三十年代過著優裕生活的人，到了四十歲之後臉孔會失去緊繃感。

相對地，廣岡先生的人相可說反映了其個人辛苦的歷程。這種人的生活方式可以譬喻為雜種型貓型人。在巨人隊時代，廣岡先生的實力雖然不比長島先生遜色，卻被當成異類而離開巨人隊。據說他在各個球團之間踱步一段時期，甚至考慮放棄了至愛的棒球，從事推銷員的教育以謀求生計。一旦體驗過身陷谷底的辛勞而從中戰勝的人，經過四十歲之後，臉孔會顯現男性獨特的英氣。

人的性格也經常暴露在笑的方式上。廣岡先生的笑有其特性。他鮮少暴露笑容。即使發笑也是雙唇的兩端往下垂。那是一張刻意裝出笑容的臉。帶著一張不笑臉孔的男性，與人交往上顯得嚴厲而難以妥協。只要認定自己是正確則永不改變，這是大家都認爲是嚴厲個性者的表情。

以不露笑容而聞名的是獨裁政治家，日本前首相吉田茂先生，具有頑強的耐力又富有領導能力。廣岡先生的表情是從前日本軍人的臉孔，「青年將校」中常見這種人相。當時養樂多隊的老板松園尚巳先生和廣岡先生的不睦，經常成為媒體予以傳說的話題，其實松園先生的人像，有許多和廣岡先生類似的地方。而他也是實業家中少見的雜種型貓型人的經營者，他們二人都是不發笑的人。類似的臉孔、相近的性格應該是志同道合，而實際上他們卻彼此厭惡對方。

廣岡先生在西洋占星術中是屬於「水瓶座」，松園先生則是「巨蟹座」。如果彼此不認同對方的優點會產生激烈的衝突，尤其是二人並排站立時，視對方有如眼中釘。

長島先生和廣岡先生，是屬於血統型狗型人和雜種型貓型人的不同性格，因對事物想法上的匹配性不同而合不來，而松園先生和廣岡先生，則屬於彼此極為類似卻水火不容的類型。公司中的人際關係這類匹配性會造成重大的影響。雖然具有實力，卻無法發揮工作才華，或一直在基層工作上無從發展直到退休的人中，多數是因和上司的匹配性不合，始終踏不上出人頭地的青雲路。

如何發現對自己有益的協助者？和何種人共事才能擴展運勢呢？——在我們的工作或日常生活中，仔細思索這個問題，應該是非常重要的。

人的運勢隨著共事對象而改變

如前所述，如果和匹配性不佳的人相處，多半無法順遂己意發揮才能，造成許多負面的影響。相反地，如果能找到對自己有益的人，極可能在工作上大有發展，此乃因為幸遇擁有自己所缺乏的才幹而開拓自己的運勢。

如果把人比擬成動物類型，該與何種對象共事，才能開拓運勢而掌握發揮能力的機會呢？如果自己是血統型貓型人，應選擇何種人做為伙伴以增強實力？今後的時代個人的力量有其界限。做任何事都必須有團體的力量。一九七八年，廣

岡養樂多隊之所以能獲得優勝，那是充分運用團隊精神在實際賽程的緣故。面對形形色色的球員，巧妙地統御性格互異的狗型人、貓型人，徹底地實踐廣岡式的管理，棒球比賽終於獲得勝利。換言之，充分地發掘貓型人、狗型人的個性，使匹配性好的人搭配，以開拓球隊的運勢。

不論從事任何工作，一個人的力量畢竟有限。不僅是資金方面，在提高公司信用上能夠擁有優良的協助者，乃是邁進成功的第一條件。

二次大戰後急速發展的公司中，有許多因為得到良好的協助者而成功的。仔細調查會令人驚訝地發現，在這些成功者背後有某些令人意外的協助者。

這種現象在任何公司都一樣。以下就舉其中數例。

被稱為「內華達國王」的大實業家可恩・畢爾茲，他之所以建立今日龐大的產業，據說多數是朋友之賜。既無學歷又非出自名門的他，在一九二七年和朋友經營不動產公司時才二十五歲。而此後二、三年內他已因事業而變成巨富。

而且，這是取自朋友父親所擁有的觀光地出售後所得的利益。他是如何接二連三地出售當時鮮為人知的觀光地呢?其中的秘訣乃是畢爾茲獨創的「推銷戰術」。

內華達州是拉斯維加斯、里諾等大型賭場所在地，根據該州的法律承認離婚的訴訟，而稅制上也比其他各州較為鬆散，因此，他在說服顧客時特別強調:「富豪如果在內華達州有住家，至少也可以減低稅收」。同時，他設想到公司所處理的土地，也因而可以輕易地脫手，一旦有富豪入居，這些觀光地自然會因而聞名。

於是他做出一份二〇〇名美國富豪的名冊，開始說服的工作。這項說服工作可稱畢爾茲獨創的手法。他運用各種手段，與這些人結交朋友。第一階級是四處調查對方擁有多少共同捐款，所喜好的酒品名稱。有時還代客購買劇場的入場券或為其找尋女傭。

經由各種的管道與努力，終於和這二〇〇名富翁結成朋友。他最獨特的地方，是當這些已經熟識的富翁著手開發新的企業時，會立即為其介紹熟悉的銀行家。這些富翁中，不乏因為他的面子而做了龐大的投資。

他之所以能夠擁有這麼多富翁的協助而從中獲利，乃是因為不考慮眼前的利益吧。「只要他人賺錢，總有一天那些錢的一部份會到我的身上」，這是年方二十八歲的他所想到的經營哲學。此後他和各式各樣的人接觸，一再地擴展工作的範疇而建立了目前的地位。

血統型狗型人——個性狗型人的拍檔最理想

一九六四年創刊的男性週刊雜誌『平凡Punch』，在當時日本出版業界認為「花花公子式」的雜誌尚未深入日本社會的預測中，出人意外地顯現強勁的賣氣。

而從一年多以前苦思這個雜誌企畫，一再研究的平凡出版社（當時）的淸水達夫先生，在二十多年前，曾經和董事長岩堀喜之助共同為了發行月刊雜誌『平凡』，而體驗同樣的辛苦。

如果沒有這兩人的組合，大概不會有曾經發行部數高達一四〇萬部的『平凡』雜誌，當然，也難以期待『平凡Punch』的成功。一九六四年公司職員的夏季獎金，竟然破例因『平凡Punch』的大成功而給付八個月的薪水。

岩堀先生和淸水先生是如何結成搭檔？又如何展開雜誌『平凡Punch』的起步呢？——這一點頗耐人尋味。

岩堀先生出生於明治四三年，日本大學法科畢業之後，曾任時事新報社會部記者，昭和十八年服務於職爭中的大政翼贊會、中華民國新民會，從事宣傳關係的工作。

而淸水先生出生於大正二年，立教大學畢業後，立即應徵SUNDAY每日的大衆文藝部門而入選。此後寫了多數大衆小說及喜劇劇本。後來在戰爭中因為從事大政翼贊會的工作而和岩堀先生認識。

戰後日本處於混亂世局時，岩堀先生立即想到雜誌的出版。研判今後日本所必要的是文化資訊的岩堀先生，直接前往會見出版界的前輩尋求其意見。這一點正是身為經營者的岩堀先生令人敬佩的地方。

雖然從事新的工作徵詢前輩的意見乃是理所當然之事，而像岩堀先生廣求意見並坦率地接納的人並不多。同時，遵從前輩並詢問其意見，以一介外行人在出版界從事工作，也可避免大公司的排斥。在他所詢問的人當中，有講談社的野間清治先生、文藝春秋的菊池寬先生等。

當岩堀先生詢問多數人意見之後，開始思考共事的對象。任何人在著手新工作時，一定會從過去的記憶以及從前的部屬、朋友中，選擇自己的協助者。

岩堀先生也許也有這樣感覺吧：他的腦海中突然浮現體格健壯而心地善良的清水先生的身影。

「和他一起做吧！」

於是這兩人結成的拍檔，終於造就了幾乎可稱為日本出版界奇蹟的『平凡』風潮。和誰共事？結交什麼樣的朋友——這個例子充分地表示選擇何種人做為共事的對象，對創業有多麼地重要。

以『平凡』雜誌社爲例，岩堀先生具有卓越的企業手腕，清水先生則有掌握大衆心理的感性。他們彼此的協助與協調，正是『平凡』獲得大成功的秘密所在。

日本企業中像『平凡』的例子，因主其事者二人深厚的友情關係，造成共事機會的例子也不少。譬如，三密電機的森部董事長和原口副董事長，松下的井深先生和盛田先生，本田技研的本田宗一郎先生和藤澤武夫先生等。

平凡出版社的岩堀先生是血統型狗型人，清水先生是個性型狗型人，二人在匹配性上極為一致。

而松下的井深先生是血統型貓型人，盛田先生是雜種型狗型人；至於本田技研的本田先生是雜種型貓型人、藤澤先生是個性型貓型人。這些組合在商場界的匹配性上非常好。有關商場上好或壞的匹配性，容後再詳細說明，請參照之。

日本領導者常見的「五黃之寅」的個性型狗型人

個性型狗型人在處理工作或在職場上勞動時，會和血統型狗型人的觀念產生共鳴，而多半能善用血統型狗型人的能力使自己出人頭地。雖然個性強又帶有癖性，卻因為和血統型狗型人的搭檔，緩和這種咄咄逼人的氣息或成為智慧結晶。

像吉田茂先生的政治家身邊，有官僚出身的佐藤榮作先生、池田勇人先生等血統型狗型人就屬其中的典範。而這兩人也因吉田茂先生的力量而掌握日後成為政治家的機會。不過，個性型狗型人往往受到周遭者的排斥。

事實上東方的領導者中常見這種類型的臉孔。臉孔大而下方渾圓型，眼神顯得溫和卻令人畏懼。日本自民黨的金丸信、創價學會的池田大作名譽會長就屬這種類型。

誠如第一章所述，個性型狗型人是牛頭犬型的臉孔。雖然稱不上英俊瀟灑，卻富個性，令人印象深刻，曾經見過其面的人絕對無法忘懷。

在商場界牛頭犬型常會成功，共通之處乃在媒體界掀起轟動話題。由於個性太強，和標榜傳統生活方式的牧羊犬型臉孔的實業家的匹配性並不好，彼此會嫌棄對方。

人的老大素質、指導能力，多半受個人所擁有的臉型或體型的影響而非性格或能力，有些人走進屋內自然地令旁人感到一股神奇的威力。即使想要明顯地主張自己的意見，一旦被這種人瞪視一眼瞬息萎縮下來。領導者、老大具備這種威勢條件極為重要。政治家或實業家都一樣。

掌握人緣的指導者或老大，在人相上可分兩種類型。長相英俊令人一眼著迷、散發出貴族氣息的老大，是所謂的女性型老大；另一種是雖不英俊卻給人一股威懾感的個性老大。女性型老大獲得衆人的喜愛也不樹敵，多數人會對其言行舉止感到共鳴。

但是，牛頭犬型的男性型老大，雖然同伴多卻樹敵也多。有時超越常理，令人感到生理上的厭惡，難以瞭解其真心。雖然多數擁有嚴厲看待人生的觀念，卻無法獲得旁人理解其個中的心酸。

話說東洋的命運學中，被認為是強運之星的，是五黃的寅年出生者。據說多半是支配天下國家的大人物，可能成為十惡不赦之人或大實業家，其運勢呈兩極化之星。

任何事都喜歡貫徹到底，討厭半途而廢。剛強的外在尙具有內在的溫柔，不過略帶冷酷。

調查日本股票上市企業的四二七名董事長的出生年時，發現有一二%是五黃出生，雖然其經營方針極具個性，一旦獲致成功則有豐碩成果，萬一失敗也會出現極大的負面影響，顯現出極端的兩面結果。

東芝的土光敏夫先生、鹿島建設的鹿島守之助先生、大洋漁業的中部謙吉先生，及吉田茂前首相，都是五黃的寅年出生。而歷史上的人物中，寅年出生的多數是老大型人物，其典型是德川家康。

商場界根據貓、狗分類的匹配性

次頁的圖表，表示在商場上人際關係的匹配性。

這個圖表是根據瑞士的心理學家威巴，以人的體格、臉型、性格而考察出的匹配性原理，再將狗型人、貓型人的性格、個性，比照威巴的方式而成。以下詳細解說這個匹配性圖示的內容。

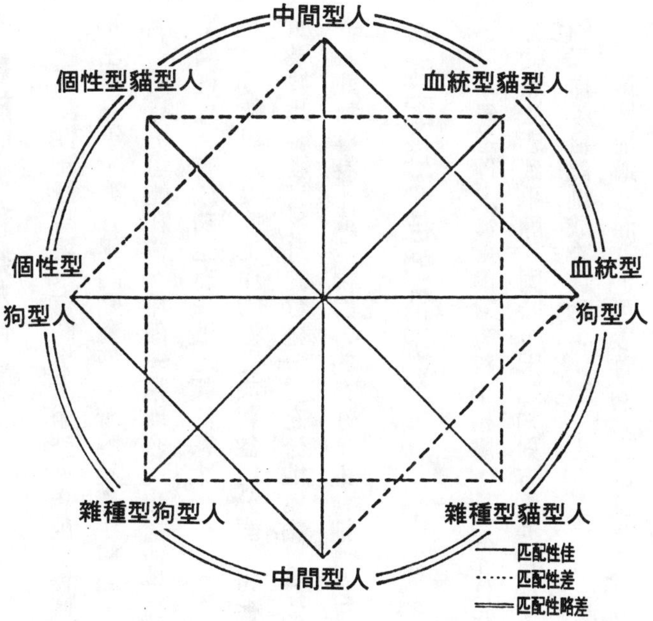

〈匹配性好的情況〉

彼此志趣極其相投的人，連感覺也一致的，是能夠成為最佳拍檔的組合。不必言語上的詳說也能獲得理解，在生理上會感覺彼此的友愛而產生親密感。松下的井深、盛田兩位先生就是其例。

不過，有可能因為超越常理的友情而蒙受損失，因過於相信對方所造成經濟上的支出，或意想不到的重大失敗。在彼此不辭辛勞的創業時代或收入相當時，感情非常和睦，但是，一旦二人的社會地位、財產出現差距，可能會因而憎惡對方或感到不信任，甚至由愛生恨彼此競爭。雙方共同努力時，匹配性特強，碰到危機或糾紛更能鼎力相助。

〈屬於同一種類型時〉

匹配性時好時壞，有時會大爭吵。志趣相投時，在創業時代會彼此激厲是良好的搭檔。而在第三年、第五年的變動期，較容易產生糾紛。

同時，可能在初次見面一拍即合，也可能一見面就感到生理上的厭惡，對對方的好惡感呈兩極化。有成功也有失敗，起落甚大。

這種組合根據工作的性質或利益的分配，可能成為好的匹配性，也會成為壞的匹配性。如果彼此能發表各自的意見，並充分地協調雙方的觀念，必能成爲優秀的搭配。但是，若有一人武斷專為，或無視對方的存在，則會造成負面影響。吵起架來是轟轟烈烈的。

〈匹配性不佳的情況〉

雖然道理上懂得與對方和平相處，卻忍不住反抗對方而難以產生好感。只要這種人在身旁就無法感到平靜。同時，因熟知對方厭惡自己，而更容易感到不快。在同一個職場做同樣的工作，自然地成為競敵。

雖然從道理而言，可以贊同對方的觀念，而在緊要關頭卻無法表示贊成。敵、我界線劃分得相當清楚。

組成團體時的匹配性

有時聯合三個不同類型的人，反而會擴展彼此的運勢。

譬如，血統型狗型人——雜種型貓型人——個性型狗型人，組成三人小組時，個性型狗型人會巧妙地調停血統型狗型人和雜種型貓型人的負面要素。三個人的個性充分地協調，以卓越的行動力開創獨特的工作。

人類第一次登陸月球的阿波羅十一號太空船船長，阿姆斯壯的臉型是四角型的雜種型狗型人，下顎的骨骼極為發達，而留在母船的柯林茲的臉孔是下顎呈細小倒三角型的血統型貓型人。歐爾特林則屬於中間型，是蛋型的個性型貓型人。

根據『每日俱樂部』臨時號的宇宙飛行員名

鑑，將六十二名宇宙飛行員的人相做以下的分類：

圓型・一七人（二七・四％）

四角型・一六人（二五・八％）

倒三角型・二九人（四六・八％）

令人意外的是臉孔呈瘦削倒三角型的血統型貓型人，竟然比運動員型所具有的堅挺四角型的雜種型狗型人的臉孔來得多。

前蘇聯的宇宙飛行員中，有多數臉型類似阿姆斯壯，呈四角型的雜種型狗型人的臉孔，在一六人中有十一人屬於這種類型。倒三角型的血統型貓型人只有兩名。

人相學上阿姆斯壯是屬於外向型，柯林茲、歐爾特林是屬於內向型性格常見的臉孔。而四角型雜種型狗的人，其臉孔富有冒險心，會執著於某件事，努力不懈直到達成目的的行動型。

相對地，歐爾特林的臉孔雖然具有創造力、研究精神，卻是內向而顯得消極的思考型的臉孔。

另外，呈倒三角型的血統型貓型人的柯林茲，他的臉孔在三個人當中，神經最為細膩，個性一絲不苟，又有潔癖，富有創意，反應又快，對任何事都感興趣。多半是具有理論性的判斷、分析力、洞察力的人。

在必須有小組協助的工作中，同樣臉型的三人小組，所採取的行動和其中一人的行動或反應，並沒有太大的出入，但是，如果由三種臉型不同的人組成小組，則整體上具有呈現三種不同反應、行動的能力。

人類首次登陸月球，乃需要「勇氣與判斷力」的工作，最適合臉型呈四角型的雜種型狗型人阿姆斯壯率先登陸，在他確認安全無虞之後，再由研究心旺盛又有敏銳直覺的蛋型臉，個性型貓型人的歐爾特林登陸，在阿姆斯壯可能疏忽的地方做嚴密的勘察。

神經細膩而具有分析力的倒三角型臉型的血統型貓型人柯林茲，則在地球與月球之間做狀況分析，並根據電腦的指示採取行動。

各個臉型所具有的優點，充分應用在人類首次登陸月球上。

也許在企業之中，也必須有像阿波羅十一號太空船這三名不同類型臉孔的組合吧。

利用貓圖的匹配性測驗

請看次頁圖的貓。然後讓你渴望知道與自己具有匹配性的是何種人（同性或異性皆可）？從這五種貓圖中，選擇其中一個喜歡的圖樣。

將你自己選擇的貓的記號，和對方所選擇的記號組合之後，做匹配性診斷，即可做下列

的分析：

A和A

開朗而顯得生氣蓬勃的二人。富社交性、樂善好施，見到陷入困境者立即想伸出援手。隨時都有人聚集在這二人的身邊。

這種組合如果是女性同伴，經常是宴會的幹事或各種展覽會的企劃者，深受衆人信賴。若是情侶則是受大家祝福，成為人人稱羨的佳偶，朝結婚的紅毯一步步的進展。若是夫婦則常有訪客，建立氣氛融洽而熱鬧的家庭。

A和B

彼此非常體貼，長久交往也不感到厭膩的二人。短暫分離會倍覺對方的好處而感到懷念不已。如果是年輕的男性同伴，當對方計劃到國外旅行時，會立即感興趣而結伴一同出遊。若是情侶，分開時反而會燃起愛火。若是夫婦即使爭吵，內心也仍然信任對方的熱情佳偶。

A和C

彼此擁有對方所缺乏之處，是屬於互補的理想組合。不過，性格差距甚大，也許會有衝突。

共同工作時，最好只看對方的優點，對其缺點應視若無睹。

若是情侶，交往越久越懂得對方的可貴，多半彼此尊敬、信賴。若能捨棄無謂的擔憂、煩惱，帶著自信交往則有好的結果。

A和D

你雖然渴望和對方保持親近的關係，卻無法掌握對方的心態。你必須更清楚表達你的心意。如果二人的年齡差距大，年長者必須有多方的顧慮。若是男女之間，很難發展為戀愛關係。如果具有慢慢地培養愛苗的心意，則極有希望。

A和E

這是呈兩極化的組合，有一面匹配性相當好，另一面的匹配性非常差。二人的性格都是對任何事情積極進取，迅速處理否則決不干休。若是男性同伴，是好的競敵，會以君子風度在工作或戀愛上互相較勁。若是情侶，雖然會熱烈相愛，而在內心深處卻有彼此反抗的微妙心態。如果有意慢慢培養二人的愛苗，則相當有希望。

B和B

非常相似的二人。對同樣的對象動心，追求相同的夢想，過著腳踏實地的生活。討厭浮華，渴望樸實，一步步往上努力而達成願望，令人產生好感。如果二人是兄弟，多半會進入同一所大學從事同一個行業。若是情侶，則是一天天倍覺樂趣的佳偶。

B和C

二人的意見在各個方面都一致，又擁有共同的興趣。不過，其中一方可能渴望擁有比對方更強的能力，或有誤解對方的心意，傷害對方感情的事情發生。若是女性同伴，可能因這些原因而疏離，因此，應該隨時站在對方的立場來思考事物。若是情侶最好儘早結婚，因為，婚後二人的心會更為一體化，成為幸運的佳偶。

B和D

流露傳統風格的二人。雖然並沒有戲劇性的事件發生，卻屬於終生的至交，可以談論人生、彼此鼓勵的類型。若是男性同伴，最理想的是有共同的興趣，諸如圍棋或象棋。若是情侶，如彼此不束縛對方，必能享受自由，但是，交往期間過長，恐怕錯失結婚的良機。尤其是年齡或體格差距太大的情侶要特別注意。

B和E

彼此鮮少有機會充分交談的二人。偶而踫面也會因無聊小事動怒或互相起疑的事情。最好二人騰出時間出外旅行。這二人如果是父子關係，兒子應儘早獨立。若是情侶，剛開始可能交往順利，而從某個時期後，會突然地對彼此的感情冷卻。

C和C

志趣非常相投的理想型。即使發生不快的事情，也溫順得不會向對方表現任性的性格。最適合一起欣賞音樂會或二人練習樂器。

若是女性同伴，最好都從事設計的工作。若是將要結婚的二人，可以培育兩人的夢想。縱然有爭吵，翌日即雲消霧散，幾乎是圓滿夫婦典範的佳偶。

C和D

其中一方帶頭領先的類型，一個拉拔，一個跟進的組合。二人都是認真的本性，因此受

到他人的信賴。彼此若失去對方，則只能發揮平常一半的實力，因此最好一起採取行動。若是戀愛中的男女，可能男方會經常動怒或感到焦躁；女性偶而應帶著勇氣，清楚地表白自己的真心。

C和E

面臨某種糾紛時能發揮潛力的人。平常像是普通朋友，一旦發生困難的問題，則緊密地結合在一起共同去處理。若能一起向嶄新的事業挑戰，一定能開拓邁向成功之道。若是戀愛中的男女，則情況有些不同，彼此所追求的事情總會出現齟齬。避免爭吵或爭執，彼此擁有妥協的心才是掌握幸福的關鍵。

D和D

彼此都是不服輸的性格。個性之強極為類似，經常大動干戈。若是志趣相投，彷佛數十年的舊交知已。若是男性同伴而從事不同的職業，可能會讓彼此順利地成功。如果是情侶，最好和朋友一起約會而不要二人獨處。如果是夫婦最好儘早有孩子。

D和E

旁人認為你們二人的匹配性不好。興趣、品味完全不同一見面即爭吵，卻是無懈可擊的最佳拍檔。不過，在酒席上要特別注意。有時可能會有造成珍貴友誼的破綻事情。如果是情侶，可以持續少年少女的年輕戀情。當然，爭吵也無所謂，這會加強彼此的感情。

E和E

極具個性，平凡的事物無法獲得滿足的二人。服裝打扮或攜帶品都有個人的創意，絕不喜歡和他人擁有同樣的物品，經常會為細微小事而爭吵。若是女性同伴，也許會因一名男性而產生感情上的對立。若是將來決定結婚的二人，目前應該有非常獨特的戀情發展。也許是懂得享受二人獨處樂趣的現代青年的典型。

判斷伙伴性格的測驗

各種不同類型的人共事時，有些人會因伙伴的配合更充分發揮自己的才華，而有些人卻因為搭配人的不當，使得真正的實力受到阻礙。雖然選擇對象的重要關鍵是彼此的性格，事實上人的生理因素也會造成影響。

在思考工作上的匹配性時，如果將以下五種要素與動物類型測驗組合來分析，也許能做更具效果的人類判斷。

在各檢查表上若有以下的特徵則劃○，依各個要素合計個人所寫的「得分」，將其記錄在左圖表中。

譬如，「行動類型」的總分是八分，則在圖表所示的行動線上的八分處劃一個×號。同樣調查其他四種要素，以剛才的方法在線上做一個×記號。當五個得分算出之後，再連接各點做成五角型。

依上述的方式調查你想瞭解與其匹配性者的特徵。將做好的五角型和另一個五角型做比較，比對其中那些要素較為類似。從圖形的比對即可清楚地瞭解你們二人一致或不協調的是什麼？

★E・A・R・L・D的匹配性判斷

據說思考各種人的類型而理解其人格，並預測其行動，所必備的要素有以下五點。在顧慮工作或人際關係上的匹配性時，調查這五個特性也極為重要。

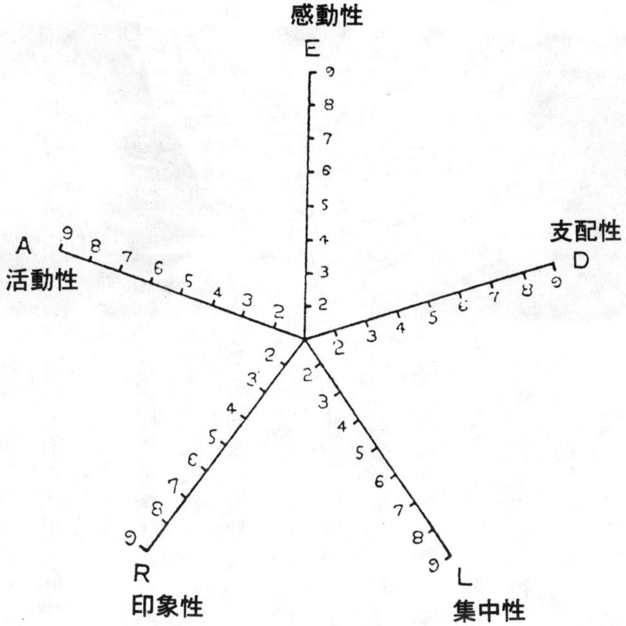

①感動性（emotivite）
②活動性、行動性（activite）
③印象性（retentissement）
④意識集中性（largeur ou etroitesse）
⑤支配性（domination ou soumission）

取這五個要點的第一個字母而稱之為E・A・R・L・D相性判斷。確立這項性格學的是艾曼，目前在法國、瑞士，這方面的研究非常盛行。尤其在法國著名的研究家有盧尼・魯・山姆、卡斯頓・貝爾鳩、羅傑・目契里、安東雷・魯格爾等。

①感動性

碰到不快或悲傷的事情，立即有強烈反應是感動性較高的人。這種反應會以流

淚、憤慨、行動變得狂熱，或表現防禦反應的形態出現。感動反應如果表現在外，則會以言語或動作呈現出來，若朝向自己的內心，會變得陷入沈思或回憶中。

感動性的特徵有二：其一是做任何事都無法達到效果時才會暴露自己的感情，這種人是屬於狗型人；其二是隨時有敏銳的反應非常清楚而強烈，會以身體、動作來表達內在的感情。

②活動性、行動性

有些人會立即把自己的想法付諸行動，有些人則顯得慢吞吞的一副無所謂的樣子。這也是在自己的周遭事件或人際關係中，傳達自己內心意願的一種激烈慾望。同時，它也代表渴望前進，想追求或目睹嶄新的事物，掌握各種機會以表現自己的願望。

碰到某個重大糾紛，有些人會立即產生反應並以激烈的行動來傳達，有些人則顯得有氣無力，陷入絕望的境地。決定這種反應的乃是活動作用。血統型狗型人、血統型貓型人的活動力較弱，雜種型貓型人、雜種型狗型人，則會表現強烈的行動性。

③印象性

我們不論有意或無意間都生活在過去的回憶，或從他人日常各式各樣的感觸所獲得的印象。某些人會在內心敏感地刻畫這些印象，而某些人則顯得遲鈍忘卻。碰到高興的事情隨即變成過眼雲煙，即使不愉快也不受影響。

反應的方式可分成兩種類型：

其一是瞬間性的反應，這種反應較弱卻敏銳，有時可能因某種機緣而使人格變得極為強烈。這種人欠缺精神上的安定感，稱為「第一性格」。

其二是永遠無法長期忘懷某件事而持續反應的人。這種人若有愉快的事情會隨時憶起，並在心中反芻。悲傷、憤慨、喜悅、滿足、憎惡等各種印象留存在心裏，成為反覆檢證的重大回憶。

第一性格的人對於所發生的事情，或憎惡、痛苦、喜悅等反應雖然強烈，卻立即消逝無蹤，而第二類型則會留下深刻的痕跡。這種人非常忠實。著名明星常見這種類型。這可稱「第二性格」。血統型的人印象性極高，而個性型的人印象性較弱。

④意識集中性

根據意識領域的寬窄而分。較寬的人會將人、事、物做整體的比較，根據個人的印象做分類，可以一次處理衆多的問題。相反地，意識領域窄的人，必須是令自己感動的事，首先會意識到吸引自己的事物，單純地處理問題，無法再兼顧其他的事。意識領域廣的人有較多的印象，性格上也富有柔軟性。狹窄的人印象雖不多，卻能夠強烈地掌握。個性型狗型人、個性型貓型人是屬於印象幅度較廣的人。個性型狗型人在人際交往、關心的層次上幅度較廣。這種人對於自己周遭一切帶有豐富的感受性。相反地，印象幅度較窄的血統人過於敏感，會因激烈的心理動搖而出現不安感、默默不語、孤獨的傾向。

⑤支配和服從的傾向

這是前述四個要因的補充因素，賈思頓・貝爾傑將其稱為火星傾向（Mars支配）和金星傾向（Verus服從）。「火星傾向」是像火星般富有鬥爭心，具有強烈自我、好支配、獨力心旺盛等特徵。「金星傾向」是具有畏懼爭執、尋求共鳴或同意、順應指導者的指示或思考等特徵。這兩種傾向正好相反，「金星」是妥協、掌握人心、運用策略、喜好被慰藉；「火星」則是難以相處、愛理不睬、喜好權力。

我們每個人多少都帶有這些傾向，無法完全區分到底屬於火星傾向或金星傾向。

針對上述五個要因做成以下的表，可做簡單的判斷。這是G・貝爾傑、R・米契利、特力・A・魯格爾所考察出來的，每個要因各有四個問題，根據答案以探討所要判斷與自己匹配性者的性格。

①感動性的因素

1　從日常行動或動作中發現該人是……

•感覺靈敏……9

•適度地感覺……5

•毫無感覺……1

2　這個人和初次見面的人會晤，或到陌生地拜訪，若有突發狀況時……

•顯得神經質、容易感動、按奈不住。臉頰立即變得赤紅或慘白……9

•能輕易地自我控制……5

•毫無感覺……1

3　這個人碰到愉快的事或不快的事時……

•立即將感情表現出來，若以感動的語氣與之交談，反而會立即動怒……9

•對於自己所期待的事會感激不已，否則並不太感動。而發怒必有其理由……5

•言語表達一如往昔，無論發生任何事都保持同樣的態度……1

4　並沒有大不了的事，而他……

・原本興高采烈，卻又突然陷入悲傷，狂熱的態度，隨即變得消沈，感情的起伏非常激烈……9
・隨時保持相當安定的情緒……5
・可以經常保持安定的情緒……1
以上的總分用4除之，所得的數字就是感動分（E）

②**活動性的因素**

1 基本上其日常的工作或行動是……
・自己積極地活動……9
・適可而止……5
・只做交代的事，被動……1

2 閒暇時……
・找出各種事做，譬如整理家務、參與社會活動或讀書，就連正業以外或非義務的事情也會處理……9
・利用空閒讓自己的生活過得更愉快而舒適……5
・不論是否有空閒，會利用讀書、聽收音機或看電視來消遣……1

3 如何處理雜務？

・喜好處理零零碎碎的雜務，遇有障礙即燃起高昂的鬥志……9
・儘量將雜務延後，動手處理後會立即放棄……1
・處理雜務時會因疲倦、厭煩而顯得心不甘情不願。碰到障礙時，雖然不放棄卻會感到麻煩……5

4　他的嗜好是？
・喜歡火爆激烈的動作電影或小說……9
・喜歡平靜而富有浪漫的愛情故事……1
・對任何事並沒有特別的愛好……5

以上的總分用4除之，所得的分數就是活動分（A）

③印象性的因素

1　基本上看來對方是……
・不太談過去的回憶，即使有所感動也會立即忘卻……1
・隨時談起過去或回憶，在其談話中經常會舊事重提……9
・中間類型……5

2　他這個人是……
・不會立即下結論，先確信之後再迂迴婉轉地說出……9

・請求他人時渴望最便捷的結果，如果要求行不通，會立即放棄不做強求。……1
・兩者之間……5

3　面對困難時……
・難以和解，不會委屈求全。對朋友忠實而重視上司、前輩……9
・能輕易地和解而對朋友的感情也容易生厭……1
・時間過後會和解，大致上對朋友忠實……5

4　對變化的態度……
・喜好古老的回憶，休假時喜歡到曾經去過的場所或住在同一個家裡……9
・非常喜歡求新求變……1
・並不做大幅的變化，喜歡一點一滴依序改變的類型……5

以上的總分用4除之，所得的分數就是印象分（R）

④意識範圍的因素

1　基本上這個人具有以下的意識範圍。
・寬（參與各種事物）……9
・窄（只集中在單一的事物）……1
・兩者之間……5

2　在工作上接受命令時，即使沒有詳細的說明也能清楚瞭解。

‧要領好，對於一般的指示極為充分地瞭解……9

‧喜好明確而具體的指示。如果沒有明確而詳細的指示則無法處理……1

‧有時喜好明確的指示，而在某個範圍內會自由地解釋……5

3　如果拜託其做某件工作……

‧在達成之前不做閒聊，若非安靜的場所則無法處理……1

‧正在處理某事情時，也可以和他人交談。處理完一件事情，立即燃起動手做其他事情的意欲……9

‧一邊工作一邊談話令其厭煩。認為工作上必須有其嚴密性……5

4　放在第一順位的是？

‧具有規律，凡事都應遵循規則……1

‧對於被命令的事情，不論採取任何方法都行，最重要的乃是促其成功。會為結果而不擇手段……9

‧認為對於既定的命令或規則，應儘可能地遵守，不過，有時也認為不必完全遵守……5

以上總分用4除之，所得的分數就是意識集中分（L）

⑤支配或服從的因素

1 基本上看來他是……

・具有獨裁傾向……9

・富有極大的柔軟性……1

・兩者之間……5

2 對自己的上司、協助者、晚輩、朋友、鄰居的態度……

・既不感到依戀也不渴望接觸……9

・和這些人保持友好關係……1

・兩者之間……5

3 顧慮他人的感受嗎？

・談吐行動毫不顧慮他人做何感想。同時，無法讚美自己並不喜歡的人……9

・渴望和大家保持和睦，即使並不喜歡的人，也能輕易地讚美對方……1

・這完全根據時間與心情而定……5

4 議論變得激烈時……

・即使形成對立，也悠然自得地主張自己的論說……9

・儘可能偏離敏感的話題，認為外表上表示讓步較好……1

・隨時間與心情而定……5

以上的總分用4除之，所得的分數就是支配分（D）

第五章

猫派和狗派的愛情學

戀愛模式與人的類型

世間一切沒有比男女的人際關係更為複雜。縱然是一見鍾情的對象，在交往二、三次之後，對方的優點也會漸漸變成缺點。

美國的心理學研究小組，曾經利用電腦，記憶在性格、職業、家庭環境等各方面的匹配性吻合的拍檔，利用電腦為未婚男女選擇結婚對象。換言之，這是由電腦代為找尋並介紹在各方面令對方滿意的佳偶。但是，事實發現把性格、職業、婚姻條件一致的男女彼此介紹後，可惜多數人並不中意對方。由此可見，光憑合理的判斷並無法培育戀情。人對愛情的心理最爲捉摸難定了。

我們以貓、狗式人類分析來探討愛情的問題。貓型人和狗型人對愛情的觀感有極大的出入。貓的印象中帶有神秘氣息，在感情方面也相當熱情而性感，具有儼然不可侵犯的貴族女性的氣質。古希臘女性自己飼養的貓死亡時，有如近親者去世一樣穿上喪服。喜愛貓的人愛情容易變得異常，多半有異於常人的想法。最具典型的是法國的女作家葛蕾特夫人。

寫了多數以貓為主題的小說，或有關貓話題作品的葛蕾特女士，自宅內飼養很多貓，沒有婚姻之緣的她，甚至從與貓的生活中發現愛的喜悅。有一次，當代活躍的法國作家蒙迪爾藍，對葛蕾特夫人批評貓像「任性的孩子」一樣，葛蕾特當場卻大加讚揚貓，她說：「絕對沒有平凡而無聊的貓。不論那一隻貓都具有貴族氣質，流露出知識份子的優點。」

喜歡貓的人和葛蕾特夫人一樣，無法坐視弱勢者被欺侮於不顧，彷彿自己本身被鞭策一般地痛苦。如果葛蕾特當場發現貓以外的動物遭受虐待，必定會伸出援手。貓型人同性弱勢者，是易受感動的溫和人。

將喜歡的異性譬喻為動物

日本調味品公司「味素」，曾經針對小學生進行一項調查，調查的內容是「目前渴望飼養的寵物〈前八名〉」。

根據這個調查結果渴望飼養狗的小學生最多，佔全體的三八％。回答「貓」的小學生只有一四％。這並不是日本人獨特的傾向。根據法國心理學家鳩爾傑・羅梅伊的調查，發現貓是男人最討厭的動物中的第二位。第一位是「

蛇」。蛇和貓令人有同樣的心理厭惡感。

貓的形象帶有複雜的心理含意。從法語中尋找和貓（Chat）相關的語詞，多半是和卑屈的態度或情愛有關。若和狗（Chien）的語詞做比較，含有較多印象極差的語詞。

筆者曾經針對高中一年級的男女學生做一項問卷調查，內容是：「如果將自己喜歡的異性、討厭的異性譬喻為動物，你會聯想到那些動物？」

高中生的動物嗜好問卷調查

- 把喜歡的男孩譬喻為動物時
  1 獅子　2 狗
- 把討厭的男孩譬喻為動物時
  1 蛇
- 把喜歡的女孩譬喻為動物時
  1 松鼠　2 蝴蝶
- 把討厭的女孩譬喻為動物時
  1 猴子　2 貓

把喜歡的男孩譬喻為動物時，回答是「獅子」的女孩最多。獅子代表男性的剛陽氣、行動力、冒險心。由此可見，女孩所喜愛的類型是英勇值得信賴的男孩。這也表示注重時髦打扮或任由女孩指使的男孩已失去其魅力。

第二順位所選擇的是「狗」。狗表示親切感、誠實、正直。從對動物的選擇方式，可以清楚地瞭解女孩所憧憬的男孩類型。

將討厭的男孩譬喻為動物時，最多的答案是「蛇」。蛇代表狡猾、不正、壞心眼。

當男孩將喜歡的女孩譬喻為動物時，最多的答案是「松鼠」，其次是「蝴蝶」。松鼠是嬌巧可愛又靈活的動物。由此發現今日男孩比較喜歡雖然平凡卻顯得可愛、開朗的女孩，不是高貴不可侵犯的美女。而蝴蝶居第二，也許暴露現今的高中生嚮往帶有成熟感，體態婀娜多姿的女孩。

將討厭的女孩譬喻為動物時，最多的答案是「猴子」。猴子生性好強，帶有活蹦亂跳、多嘴多舌的印象。因而愛講話又任性的女孩必也不受歡迎。「貓」之所以佔第二位，表示目前的高中生，多數人討厭在男孩面前顯得畏畏縮縮的女孩。

從這個調查可清楚地明白對人的好惡或對異性的感覺，可以利用動物的形象表露無遺。

如果以心理學的觀點來考慮「貓」和「女性」的印象，男女之間的愛情，也許可以做以下的推理：

貓帶有女性化表現女性式的愛情，像貓一樣羞澀地討人歡心，又令人感覺有如魔女般的誘惑。貓融合著多情善感、貴婦人的氣質，以及性愛魔女般的神秘色彩。缺乏清楚可見的樸實、純粹感。

貓和狗不同，那雙變化多端的眼睛帶著神秘的奧妙。從各個角度來分析貓，發現其魅力並不只是外型，和牠的眼神、嘴角的表情都有關係。

根據喜愛的貓、討厭的貓做性格診斷

請再看一四〇頁的貓圖。事實上，這個圖畫是筆者從前做某調查時，曾使用過的圖案。那是將世界級的底片廠商柯達公司照片改成圖畫而成。當時以一八一一名男女為對象，讓他們從這五隻貓中挑選一隻最喜歡及最討厭的貓，藉此分析其性格。

調查的結果得到以下的數字，從中也發現了一個傾向。

A貓　一一二人

B貓　四二五人

C貓　八五三人

D貓　三八〇人

E貓　四一人

在這五隻貓中，最令人討厭的是最右端的E貓，露出舌頭顯得恐怖的表情。這些貓各有不同的表情。

正中央的C貓，被認為是最像貓的貓，也許是因其表情使然吧。

C貓欺侮著隔壁的貓。無形中給人一種嬌小可愛，像小貓一樣浮躁不安的感覺。

各位不妨也從這五隻貓中，挑選一隻最喜歡及最討厭的貓。

▼喜歡A——討厭B

最近一定體驗過寂寞、悲傷的事情。也許正處於喜歡的人已使君有婦的悲哀狀態。但是，生性認真而冷靜的性格，處理任何事都能發揮超越一般人以上的實力。富同情心，生性溫柔無法坐視受困者不管。最好對自己的能力帶著更大的自信。

▼喜歡A——討厭C

有時過於認真地思考或討厭起鬨胡鬧。如果你的年齡在三十歲以下，則顯得缺乏戰鬥力。做任何事都覺得麻煩，甚至認為和他人交談是件無聊的事，有時會變成討厭與人相處。可能和配偶、情人、朋友的意見不合，請特別小心說話。

▼喜歡A——討厭D

樸素而踏實的人，不過，略有高不可攀的矜持，令人難以接近，不易相處。或許有無法向人表白的秘密而逕自感到悲傷吧。在繪畫、音樂方面有卓越的才華，多半具有美妙的聲音，足以掌握人心。不妨思考充分發揮自己個性的方法。

▼喜歡A——討厭E

堅實型。行動之前必充分考慮的類型。會先顧慮旁人的情況再採取行動，乃小心謹慎的

人。但是，也有頑固的一面，只要認定自己是正確，則不改既有的觀念。

這種人不喜歡相親結婚，即使單相思也會積極地追求所喜歡的人。

▼喜歡B——討厭A

夢想極大，一切平凡的事物無法獲得滿足的人。渴望驚世駭俗，有許多別人想不到的創見。但是，態度消極，只會思考而難以付諸行動。因此，恐怕會錯失難得的機會。應該更積極地採取行動。

▼喜歡B——討厭C

應該是個不耐寂寞的人吧。但是，具有堅持自己觀念的頑固。頭腦相當靈敏，有時因為如此而無法和朋友做普通的交往。因為，對於生活上的行止過於顧慮，擔心被看笑話。其實有時裝瘋賣傻也是必要的。

▼喜歡B——討厭D

有時勃然大怒或顯得心浮氣躁。雖然本質上是善良的人，卻常有忍不住發怒的情況。無論工作或讀書，會因一點小事即與他人爭論或造成糾紛。努力去理解對方的意見或心理是極為重要的。雖然本性熱情又有體貼心，卻會表現靦覥的一面。

▼喜歡B——討厭E

一步步踏實努力的類型。會充分地採納父母或長輩的意見再採取行動，因而處處受人信賴。在工作上也是屬於能充分發揮自己的能力而成功的類型。

在男女交往上會受到對方的信賴，成就美妙的戀情。請不要忘記一步步往前踏實地努力。

▼喜歡C——討厭A

非常開放而認真的性格。待人溫和，給人好感，和任何人都處得來。富有豐富的常識絕不做冒險。責任感強，會迅速處理被指派的工作。不論工作或戀愛，都充滿著依自己的理想獲致成功的能力與魅力。不過，缺點乃是過於內向。

▼喜歡C——討厭B

隨時擁有遠大目標與夢想，並積極努力的人。乍看下給人忠厚老實而內向的印象，其實卻富有勇氣，在緊要關頭會發揮卓越行動力的人。任何事都處理得恰到好處，幾乎沒有不可能的事。不過，會給異性一種冷淡的印象，往往被條件不錯的異性誤解。

▼喜歡C——討厭D

不服輸、有點好強的個性。絕不做偷雞摸狗的事，看見不正當的事，即奮勇給予反抗。具有研究的熱心，碰到阻礙時反而意氣昂揚。嚮往電影愛情故事一樣「為戀愛而活，為戀愛而死」。如果是已婚者，對丈夫或妻子會盡心盡力。

▼喜歡C——討厭E

重視常識的人。身體狀況佳，和任何人都能親密交往。自己的觀念可以獲得旁人充分的理解。但是，有時過於拘泥於形式。

如果能增廣興趣發揮自己特殊的才華，將來必可享受幸福的生活。

▼喜歡D——討厭A

富有行動力又值得信賴的人。凡事必訂定計劃並立即付諸實行。認為可行的事立刻採取行動，這乃是這種人的優點。

但是，萬一失敗了，恐怕比一般人遭受更大的損失。然而，一、二次的失敗也不會放棄自己的觀念。

▼喜歡D——討厭B

非常開朗、灑脫的人。絕不因芝麻蒜皮小事而悶悶不樂的樂天派。即使有不愉快的事，也不引以為意或表露於外。

尤其會獲得晚輩的信賴，成為他們抒發理念的對象。在這種人身邊如沐春風，周遭立即顯現光明與開朗的氣氛。

▼喜歡D——討厭C

極冷靜地判斷事物，不因一時的衝動而採取行動的人。具有指導能力，活躍在社團活動中。具有在公司成為主導人物的卓越才華。平常顯得含蓄，而在需要其力量的時候，會發揮令人訝異的行動力。這種人在今後的社會佔居重要的角色。

▼喜歡D——討厭E

關心各種事物的人。隨時懷抱遠大夢想，一再地求新求變，追求更高的層次。不論工作或戀愛都有易熱易冷的傾向。擁有許多興趣而得到豐富的知識。朋友多又富和任何人親密交往的社交性。

▼喜歡E——討厭A

極為內向的浪漫主義者。獨自沈溺於幻想或傾聽音樂、閱讀，從中獲得喜悅。對自己的言行舉止極為用心，給人相當優雅的印象。

重視友誼，即使出現親愛的人也可因朋友而放棄。先顧他人再考慮自己的類型。

▼喜歡E——討厭B

非常忠厚老實、沈默寡言的人。旁人眼中是難以捉摸其心事的人。對平凡而無聊的事不理不睬。隨時抱有遠大夢想的野心家。凡事都渴望最高級最上流，否則即不滿意。在公司是屬秀才型，在學校也具有發揮資優生能力的素質。

▼喜歡E——討厭C

溫和而具有體貼心的人。不過，神經非常細膩，略帶有神經質，會因一點小事牽腸掛肚或坐立不安。

如果女性，是眼睛美麗相當具有魅力的人。若是男性則具有詩人的心境。這種人的創見或靈感多半能掌握人心。所缺乏的就是行動力。

▼喜歡E——討厭D

嚮往美麗的事物、感受性敏銳的人。具有立即吸收美麗、嶄新的事物，成為自己所有的品味。

不過，由於情緒起伏不定，又略帶任性，對人的好惡也相當明顯。碰到不喜歡的人，甚至會不予搭訕，對喜歡的人則積極地表現熱情。

你是屬於哪一個類型呢？瞭解自己的性格之後，讓你的情人（妻子或丈夫）來做這個測驗。

測驗①

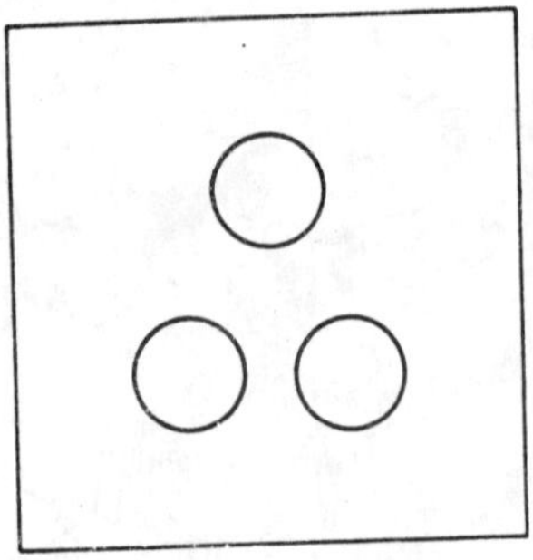

測驗②

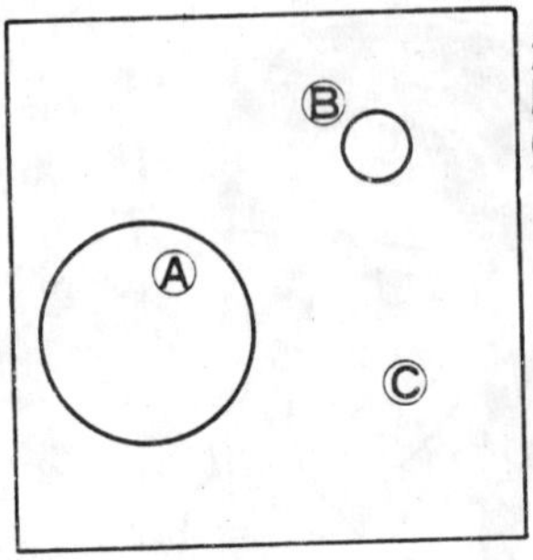

尤其在愛情問題方面，性格的出入容易導致不幸。「知己知彼」乃是成就愛情的鐵則。

以下利用數個測驗法，來分析對這五隻貓表情的嗜好與性格、深層心理的關係。

※測驗①

首先請看上圖所示呈三角狀並排一起的三個圓。請在這個圖中添加一個你所喜歡的另一個圓（大小不拘）。結果會變成什麽樣的圖形呢？

※測驗②

上圖畫有Ⓐ和Ⓑ的兩個圓。請在Ⓒ的地方再添加一個圓。

畫完圓之後，整理這兩個測驗的結果。

測驗①的圖形是探討人際關係的測驗，三個圓各代表「人」。在這三個圓上添加另一個圓時，則呈一七二頁所示的四種類型。

a　在三個圓的中間位置添加一個圓。

b　在三個圓之外畫一個圓。

c　用大圓包住這三個圓。

d　其他。

如a在中間畫圓的人，極渴望和任何人和平相處，人際關係上具有極強的順應力，個性溫和，有時有八面玲瓏的舉止。對異性較為花心，希望和任何人都處得來，面面俱到以避免惹人討厭。

像b在三個圓之外畫一個圓，表示逃避的心情。這是渴望遠離人、獨處的意識表現。對異性的態度也消極，絕不會主動喜歡他人。凡事躲匿在自己的象牙塔內。可能對異性帶有自卑感……。

像c用大圓包住三個圓的人，獨佔慾非常強，屬於支配型。如果不順遂己意，會顯得心浮氣躁，產生叛逆心。不服輸的性格、對待異性也會凸顯自己，在交往上顯得任性。

像d並不屬於a、b、c其中任何一種類型的人，在人際關係上追求個人的理想。討厭形式主義的交際，對人的好惡極為明顯。

調查對五隻貓的嗜好及這項測驗的結果，對貓的嗜好不同的人，測驗①的答案互不相同。喜歡B貓的人多數會描繪b的方式，表現渴望逃避、過著消遙自在而解放的生活，處世不無理強求的人。多半是富有女性化的人。會按耐住自己的任性。

選擇被欺侮的瞇起眼睛的D貓的人，多半選擇a。亦即八面玲瓏型的人。都是些裝模作

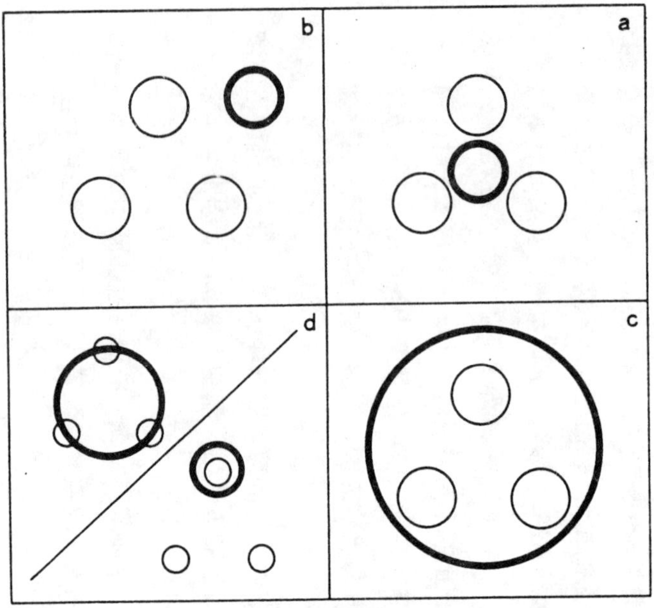

樣撒嬌的人。

測驗②的結果也具有類似的傾向。這項測驗是為了評價個人的性格、對人關係的自我主張、自我顯示慾。

另外一個圓是描繪在兩個圓的哪一邊，靠近大圓或小圓？

描繪的圓越大，屬於自我主張性、外向型，而描繪小圓的人是會壓抑自己、處世慎重的內向型。

選擇B貓的人多半會描繪小的圓。而選擇D貓的人則多半描繪大的圓。選擇C貓的人會描繪與大圓幾乎等大的圓。

追求「天蠍座的女人」的血統型貓型人

接著針對狗型人、貓型人的戀愛觀做一番論述。首先來分析貓型人。

貓型人的三種類型各有其不同的戀愛、愛情、結婚期。血統型貓型人，不論男女都給人難以親近的印象。化妝有各自的品味崇尚流行的人，對他人的好惡也相當明顯。討厭平凡的婚姻，嚮往戲劇性又具有刺激的戀情。

這種類型的男性，乍看下顯得冷淡、虛無，鮮少說話，愛情的表現完全由眼睛來傳達。被這種眼睛注視時，多數的女性都會臣服其下。懂得駕馭女性，常令女性事後百思不解：何以當時會把一切奉獻給他？具有所謂花花公子的素質，一再更換女伴而不引以為意。對男女愛情並不做深刻的考慮，愛情與婚姻劃分得一清二楚。

不過，有其明顯的喜愛類型，深受「天蠍座」或「魚座」出生、具有性魅力的女性吸引。

初次見面即可能燃起愛情的火花，然而一旦厭倦對方，分手的速度也快。婚後討厭受家庭束縛，希望能為工作或自己的興趣而活。擁抱對方接吻或愛撫等愛情技術表現極有一套。女性具有個人的魅力，極嚮往擔任模特兒或從事令旁人注目、喝采的工作，是所謂喝采願望極強的女性。

因此，絕不會心許平凡的男人，總是追求最上流的俊才。對於有某種技術或才能居於衆人之上的男性特別動心。並不看男人的將來性如何，只醉心於目前所展現的力量。約會或選擇男性時，總會顧慮和對方在馬路上行走時的模樣。如果覺得不搭調或並沒有引起衆人注意，則不會應允這種男性的邀約，也不會對這樣的男性動心。

這種類型的特徵是個性強，又充滿著惡魔般的魅力。日本明星加賀真理子、木之內綠等女性就屬這種類型。這種人身邊的男性必定被其操縱於股掌之間。

此外，自尊心相當高，在出現理想的男性之前絕不妥協，也許因而婚期較晚。婚後會建立女性至上的家庭，對丈夫的慾求越大。

心思巧妙無人可及，行動力與冒險心與男性不相上下。這種人的魅力是對不喜歡的事會明白表示自己不苟同的意見。與其和多數人接觸，毋寧和喜歡的人、與自己的意見或觀念類似者保持親密，較能凸顯自己的魅力，並不需在意他人如何的感受。

雜種型貓型人會單相思

雜種型貓型人的共通點是年輕時曾經失敗，或爲單相思的男女關係吃盡苦頭。失戀會造成嚴重的打擊，它可以成為人生的激厲，也會造成對異性失信。尤其是三十歲左右的失戀，會成為永遠抹滅不掉的痛苦回憶。

不過，這種人多半會因失戀而對工作燃起企圖心，堅強地與勁敵對搏而告成功。對自己的容貌、儀表帶有自卑感，在內心的某處排斥俊男美女。納粹德國的希特勒所展現那股行動力、精力來源，乃是青年時代的自卑感，以及曾經有過失戀的慘痛。

這種類型的男性喜好諷刺，心底喜歡卻表現討厭的模樣，對女性會故意找碴而從中作樂。中年之後喜歡在女人面前開黃腔娛樂自己。但是，如果有女性主動表示好感，則會為其盡

你平常看起來極為乖順，其實那檔事好像挺激烈的吧？嘻嘻嘻，不是一副很渴望的樣子嗎？和營業課的陳先生早有一手吧？咦？嘻嘻嘻，羞澀的模樣也挺可愛的，忍不住我都興奮起來了……

大開黃腔的人

心盡力。如果對方是美人，即表現奉獻的精神，搖身一變為令人難以想像的浪漫主義者。希特勒對情人的熱戀，直到納粹德國瀕臨潰敗為止。

這種類型者談起戀愛，很容易發展成戲劇性的結果，內心炙熱的愛火幾近渴望與對方殉情。不過喜好諷刺，從不花言巧語，一副不苟言笑的模樣。

這種類型的女性具有頑強的耐力，不會主動去愛人，又有潔癖，討厭被男性觸摸手部。也非常討厭舞蹈對性帶有不潔之感。如果洞房花燭夜，丈夫未能適切地帶領，可能會對丈夫產生反叛心而影響到日後的性生活。婚後不到一個月即跑回娘家的女性中，多數都是這種類型。這種女性對男性而言，必須對洞房花燭夜臨陣以待的人。

這種人的裝扮總是散發著成熟人的氣息。組織家庭後會成為賢妻，對丈夫的工作體貼而理解，也可能是人人讚揚的賢淑內助。做事非常努力，對自己也相當嚴厲，最討厭半途而廢。生性潔癖而清正，絕不會做出違背他人的事。重視人際關係，有時會成為PAT的幹事或擔任協調員。

但是，這些舉止可能令丈夫感到窒息，同時，刻意地表現賢夫人、貞淑的態度反而會把自己逼向窮途末路。這種人所應留意的是，努力使家庭生活產生變化，以避免失去身為女人的嬌柔可愛。

這些人是從為社會奉獻已力，或從事服務性質的工作而感到生命意義的人。

為男性盡心盡力的個性型貓型女性

對男性挖盡心思地奉獻的，是個性型貓型人。充滿著母性愛，其愛情表現簡直就是「寵愛」的典型。如果被所鍾愛的男性背叛，勢必報仇。日本女性中最常見的就屬這種類型的女性，熱戀或憎惡對方時都全力以赴。雖然外型或容貌稱不上美人，卻會獲得憐愛。約會時絕不會有遲到的現象。

在性方面是女性中的豪放女，不但體力足，床上功夫令人刮目相看又能樂在其中。不過，多半屬於多產型，根據印度古來的女性鑑別法，這乃是娶為妻子最理想的類型，生育力強，而且，是令男性在性方面及家庭上獲得最高滿足的女性。

而男性的個性型貓型人和女性正好相反。在與異性關係上有其懶散之處，令人有虛有其表之歎，天性多情，見一個愛一個，婚後難以安定於家庭。而對女性而言，不知何故竟然恨不下這種

男人，反會觸發其母性本能。調查被詐婚的女性受害者，發現其選擇的對象多數是個性型貓型的男人。

不過，個性型貓型男人精力絕倫，具有滿足女性的天才。這種類型的男人無法忍受沒有性愛的生活。女性看見這種類型的男人，會自然地被吸引。男性經驗越多的女性，往往對他一見鍾情。

血統型狗型人獨佔慾強

重視理想的血統型狗型人，與異性之間的愛也討厭平凡。注重儀表、美貌並追求高級、一流的對象。自尊心高，鮮少主動去愛人或積極追求他人。但是，真正喜歡上一個人會變得大膽。獨佔慾之強勝於一般人，無論如何會把喜愛的人佔為已有。

血統型狗型人戀愛的典型是出自名門的千金小姐，愛上已有妻室的花花公子。在日本就有一個曾經在週刊雜誌造成轟動的例子，女方是生長在富豪

請做屬於我一個人的愛人
這這……
幹什麼老公！
那個女人是誰！
爸爸—

名門的千金大小姐，其清純的外表深具魅力，但是，她所選擇的對象竟然是早已有妻室又以花花公子聞名的男人。大家都搞不懂何以這樣的千金小姐會選擇那樣的男子。這位女主角的容貌、儀表、對事物的觀念可說是血統型狗型人的典型。

血統狗型人和血統型貓型人外觀頗為類似，尤其是女性可看出神似的特徵。但是，這兩種類型面對戀愛的觀念，或發生愛情糾紛時的態度截然不同。因愛情發生糾紛時，狗型人會完全落入對方的掌握中。但是，貓型人最後會維護自己，變成利己主義者。絕不做自己自尊心不允許的事，當然不會為男人犧牲奉獻。她會令自己深愛的男人拼上老命，但覺得彼此已經無緣時則斷然分手。

貓型人的理想、夢想極高而自尊心也強，在男女關係上總是處於被動的態勢。富有同情心，為對方盡心盡力。一般而言，血統型狗型人的戀情剛開始必須慢慢地培養，而一旦燃起愛的火花，則不顧生死地狂烈。憧憬戀愛而結合勝於相親的方式，對對方有嚴厲的要求，好惡的落差也大。若是不符合自己理想的人，即使對方再怎麼追求也不表示好感。女性有高不可攀的矜持，對於胡鬧起鬨或迎合他人必定不屑一顧。

這種類型的男性屬於自信家、自尊心高，不會主動表示好感，以冷淡的態度待人。不過，在相親上會遇見自己喜歡的女性，屬於幸運的類型。藉由相親找到理想對象，遠比自己去追求來得多。這種類型也常被招贅為名門富豪的女婿。

血統型狗型人重視氣氛。非常清楚自己喜歡的類型與不中意的人，若不感興趣則無法順利地交往。不論男性或女性一開始都難以交往、相處不來。但是，如果合得來就沒有比這種人更容易親近了。熟知對方的興趣或央求其信賴者代為介紹，有助於彼此的戀愛發展。即使初次見面並不滿意對方，也不可立即放棄。因為，交往次數越多越會博得對方的好感。

和血統型狗型人的匹配性不好的是血統型貓型人。血統型貓型人極為時髦，具有個性的魅力。尤其是血統型狗型男性常對血統型貓型人一見鍾情。但是，和外表優雅富有理性的女性，事實上匹配性並不好。

所謂俊男美女的組合似乎頗為搭配，其實在性格上常有齟齬的地方。不論男女都受異性歡迎，自認深具魅力，而血統型人彼此會有優越意識與自尊心，如果這種意識呈現在表面則難以相處。電影明星中的俊男美女佳偶常見離婚，也許是這個緣故。明星中如果男性是血統型狗型人，女性是血統型貓型人則離婚率較高。

血統型狗型人受吸引的對象有時會令人意外。和體態肥胖而顯得開朗的個性型狗型人的匹配性最好，交往越久，血統型狗型人對個性型狗型人倍覺魅力。血統型狗型人只有和個性型狗型人的異性結合，才能在婚後發揮男性的工作能力。不論是獨自工作或夫妻一同出外工作，都能建立溫暖的家庭，共享圓滿的夫婦生活。

贏得美人垂青的雜種型狗型男人

雜種型狗型的女性，婚後會變成對丈夫體貼、溫柔，又給予包容的賢妻，懂得掌理家務，克盡職責的主婦，對兒女關愛的母親。具有成為賢妻良母素質的人。但是，卻非毫無趣味的人，和丈夫獨處時彷彿情侶一般，永遠保持新鮮感，具有維持女性魅力的素質。東方女人常見這種雜種型狗型人。

不過，如果把自己埋沒在婚姻生活中，而不留意儘可能擁有自己的時間，恐怕會被時代的洪流所淘汰，變成只能在家庭中生活的女人。

這種人若要凸顯原有的魅力，應該與更多的人交際往來，並發展興趣。

雜種型狗型人的男性，多半是精力旺盛的類型。雖然不擅長做愛的表現，卻會向所愛的人坦率表白自己的真心。雖然有時過於牽強而

若人嫌，然而只要看上眼即猛烈地追求，誓必佔為己有。不在意旁人的耳目，一旦燃起熱烈的激情，即使被討厭也不放棄。

站在喜歡的女性面前通常會感到腼腆、情緒變得緊張。不過，鎖定目標的女性一旦成為自己的人，則又表現大男人主義，甚至會對妻子冷落。性方面也極為熱情而激烈，因此不可能終其一生只有一位性伴侶。追求風流的刺激，常因同情而發展為轟轟烈烈的戀愛。雖然外觀上並不英俊瀟灑，卻深受女性的歡迎，成為女人追求的目標。

這種人最容易交往，初次見面即變得熱烈，從會晤到發生肉體關係之間的期間很短。在旅遊地或宴會等氣氛中展開追求與交往。能夠開放式地交際往來的，乃是這種雜種型狗型人。不喜歡落於形式的交際法，富有個性會積極主動地邀約對方。女性雖然顯得難以攻陷，事實上內心有極大的期待，有時甚至早已久候異性的邀約。

雜種型狗型人可以適度地迎合任何人。尤其是女性的適應力非常強。狗型人和貓型人不同，天生具有迎合他人的本性。即使對方略有強求之處也不會拂逆。雜種型狗型人的順應力特別高。

在戀愛或結婚方面，與血統型狗型人的匹配性最佳。常見一朵鮮花插在牛糞上的搭配，事實上雜種型狗型人的醜男人，極受血統型貓型美人的青睞。

個性型狗型人屬於相親派

個性型狗型人對愛情的表現，很容易變成以自我為中心，並不在意對方有何感受。喜好具有秘密色彩的夜晚之戀、從中感到偷人耳目之愛的喜悅。

代表個性型狗型人的狗是牛頭犬，據說也是象徵英國人的狗。原本是英國產，深受英國人的喜愛。

據說鬥牛賽中的鬥牛士「bullfighter」，乃是牛頭犬「bulldog」的語源。

英國人看見牛頭犬都會聯想起前首相邱吉爾。也許口叼雪茄一副頑固模樣的邱吉爾政治家的愛情生活、婚姻生活，充分地傳達了這種個性型狗型人吧。邱吉爾並不顧家而夫婦生活也不圓滿。邱吉爾的女兒曾經發表手記，描述父親邱吉爾的偏頗而造成話題。

和邱吉爾的性格類似，也屬於個性型狗型

和愛人A小姐的情況……
偶而也希望和你在外頭碰面……
不要說傻話

人的日本前首相吉田茂，似乎也沒有圓滿的夫婦婚姻生活。而中國大陸的前領導者毛澤東曾四次結婚，每個婚姻都不理想。

呈牛頭犬型的個性型狗型人，尤其是男性，多半沒有圓滿的婚姻生活。因為，個性型狗型人的自我顯示慾強，生性討厭女性化並向女性奉承。全心投入於工作，渴望在社會或團體中表現自己的能力。因此，沒有餘力去注意女性。即使出現喜歡的女性也不會表現出來，只在暗地裡的交往。日常生活中表現絕對不會在外拈花惹草的模樣，而背地裡卻擅長與任由自己擺佈的女性交往。

醫生、大學教授、學者等常有個性型狗型人。一般人以為唯獨這種人不會外遇風流，而事實上這些人背地裡有許多愛人。

個性型狗型的女性和男性有點不同。個性非常開放而樂善好施。經常因同情顯得可憐的年幼男性，從友情萌生戀情。腦筋靈敏具有領導能力，活躍於社會服務或成為團體活動的領導者。雖然對性的態度淡泊，然而若非女性居上的愛情，則無法感到喜悅，甚至對於變態性愛會產生好奇。

不過，個性型狗型人本來是樸素、不引人注目的人，一般都是藉由相親結婚而獲得幸福。天性努力又溫和，女性婚後雖然過得平凡，卻是溫柔的妻子，能建立安和的家庭。守著自己的丈夫，絕難以想像會有紅杏出牆的行為。正因為如此，恐怕會變成蓬頭垢面的糟糠妻，婚後可能會突然顯得老氣。與丈夫獨處時，應儘量表現女人的嬌態，或發表自己的興趣享受生活。刻意裝飾臥室對個性型狗型人具有效果，家中投資最大的大概是床舖吧。

個性型狗型人有時會變得寂寞或陷入沈思。這種人的魅力，雖然樸素、不醒目，卻具有令人信賴寄望的人品。

深具魅力的美人沒有男人緣？

外表美麗又具有魅力的女性，出乎我們想像地難覓結婚對象。一般人以為美女應該受人歡迎，然而長得可謂絕世美女的標緻女性，反而沒有機會與男性交往。體態娉婷、容貌或表情、談吐方式，處處展露氣質的血統型貓型的女性，會被一般的男性敬而遠之。

皮耶特羅賓特博士，曾經針對美國男性對女性的態度進行調查，根據其調查報告，發現近半數的男性對「腦筋聰敏的美人」呈現排斥反應。令人目瞪口呆的美人，又具有智慧的女性，無法使男人感到性魅力，在性的瞬間令男人莫名地覺得自卑。

對於狗或貓的嗜好，多數人會追求體態的嬌巧與完善的美，然而也有不少人對醜陋的面貌感興趣。美國某寵物雜誌公司做過「醜狗競賽」，而其廣告上還刊登著：「獎金五〇美金。您是否有一隻醜得可愛的狗？」

人的內心追求十全十美之外，對於雜亂無章的事物也會感到一股魅力。以女性的類型而言：雖然五官平凡卻溫柔而具個性的人，往往比十足的美女更吸引人。在電視上活躍的女明星可看出這種傾向。從前電影所出現的絕世美女反而無法博得好感。

日本國營電視台ＮＨＫ在早上的連續劇集中，所挑選的主角幾乎都是平凡美女，這些明星各個都是普通的圓型臉，雖然並非才華出衆的智慧型，卻待人溫和，宛如鄰家女孩似的。其共通之處是體態渾圓健康，令男人渴望當成自己妹妹的女性。

如果臉孔像性感的蘇菲亞羅蘭或碧姬芭杜，亦即血統型貓型的女性，在ＮＨＫ晨間劇場出現，可能受到廣大主婦們的排斥，無法成為茶餘飯後人人傳誦的人緣者了。

第六章

動物學立場的性格判斷

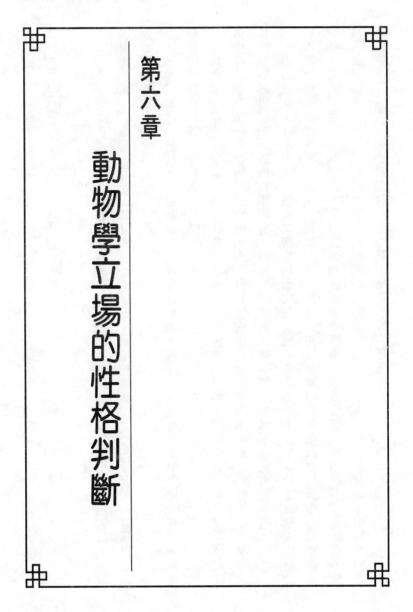

亞里斯多德的「觀相術」

歷史最悠久的心理學大概是「性格學」吧。瞭解人的性格，並探討自己真正的為人，以及和他人的不同點等，乃是人們最為關心的問題。蘇格拉底曾說：「知汝至深」瞭解自己正是心理學的第一步。

不論處於那一個時代，瞭解自己是非常重要的。選擇工作或尋找結婚對象，其第一步便是從思考自己到底是什麼樣的人開始。

其實似懂非懂而最摸不清的就是自己本身。如何才能瞭解人的性格——心理學的歷史就是找尋這個方法的嘗試錯誤的歷史。人類對於性格學的研究可謂不遺餘力。雖然心理學從未像今日發達得這麼活躍的科學研究，但在「認識人」的學問上仍然不是完全的學問。

自古以來，在思考人的性格時經常以動物做譬喻。東洋的「十二支」乃是將動物的特性和人做比對而進行判斷。古人在判斷人時，認為人和自然界中的某些動物有極類似的性格。同時，支配宇宙的基本要素，會對人、動物、植物等萬物造成影響。在西洋將宇宙的基本分為四個要素來分析。因而產生了支配自然的四要素「火」「土」「水」「空」，會對萬物造成影響，自然界一切事物都具有其中某個特有性質的觀念。

具有宇宙的「火」性質者都有同樣的特徵，即使彼此形體不同也有所關連。譬如「獅子」是具有「火」要素的動物，充滿著勇氣與活力，具備燃起冒險心的本質，因而認為在某特定日子出生的人，具有和「獅子」一樣的「火」的要素。

歐洲的占星術上，認為人是根據出生日的太陽位置而決定其個性，星座中「獅座」出生者，是具有「火」要素的星座典型。將人的性格分類為宇宙四個要素，而給予判斷的學問可說是現代性格類型的原祖。

同樣地，從現代心理學所做的性格分類多半分成四種類型來看，判斷人的觀念和古希臘時代不謀而合。分成四類的人類判斷法，從古希臘時代至今，已歷經二千年以上而彌久不衰，目前仍然未被完全地否定，而且，多數人仍根據這四種分類做人的判斷，雖然名稱各有不同，而基本上相當類似。

古代的人物分類法，漸漸發展為比較動物和人的臉孔，以判斷性格的「動物學立場的性格判斷法」。其中以亞里斯多德的「觀相術」最聞名。把動物和人的臉孔做比較，判斷臉孔類似「狐狸」的人，具有狐狸般的狡猾，是心懷不軌令人警戒的壞人。而類似「獅子」臉孔的人具有勇氣，彷彿全身覆蓋著柔軟細毛的「羊」或「山羊」的人，有如羊一般地老實而膽小等等，把人的性格和動物的性質做對照比較的觀念已經一般化了。

在十六世紀的歐洲，「動物學立場的性格判斷法」已普遍應用在人類判斷或性格判斷，其中那波里（Napoli）的約翰・波爾特（一五四〇～一六一五年）發表了一本『人的臉孔』的著作，正式做人與動物的對照研究。這乃是受到古希臘神秘思想的影響，認為宇宙間類似的性質，具有類似的外型與擁有類似的特徵。

波爾特被認為是歐洲人相學的元祖，他進行人和動物臉孔的比較研究，並在歐洲首先把人相學當做對象研究的學者。波爾特認為人心會受外觀的影響，內在的意念會自然的呈現在外，如果將人的臉孔和動物做比較，即可以探討人的心理。波爾特認為不僅是動物，自然界的花、草、樹中，也有與人相關的特質而一再進行研究。

他在『人相術』中批評中世紀的占星術，並把亞里斯多德以來的人與動物臉孔的比較研究加以體系化。他主張：「占星術師認為人出生的天相，會決定該人的習慣、癖性、疾病等的傾向。其實並不然，這些並非源自星宿而是根據個人的氣質。」而且，決定氣質的是「外型」，動物、植物與人之間具有類似的氣質，因而產生了類似「豬」的人，食慾旺盛又貪婪、低能等判斷。

近世的人相術中，特別引人注目的是人相術已從占星術分離成獨立的占卜法。隨之而起的，是根據人相術原本的方法，亦即利用臉部外型做性格判斷、運勢判斷。同時，比較研究神學家、政治學家等著名人士的臉孔做運勢判斷，以及將人相術與手相術結合一起研究的風潮日盛，也是這個時代的特徵。

波爾特基於動物學立場的性格判斷法，對歐洲的人相學造成極大的影響，而將動物所具有的形象深植在歐洲人心中，並造就童話世界所出現的動物性格的效果也非常大。

為何某特定的動物被當成好人的伙伴對待，而某些令人不恥的動物則是壞人的象徵呢？仔細調查其根本緣由，是一項有趣的研究。

反映心理狀態的「投影法」

和一般詢問形式的心理測驗不同的，是根據圖畫、圖形或照片以探討人心深處的心理測驗。同樣一張圖畫、圖形，根據觀看者的心理狀態會有不同的反應。譬如，請看以下有如墨汁污漬的模樣。每個人從這個圖形會產生各種不同的聯想。

平常對人的臉孔感興趣的人也許會自然地浮現人的臉型。而對花或裝飾品較有興趣的人，也許會看成是花或一種圖樣。根據這種現象考察出了所謂羅爾夏哈法的心理診斷術。目前這個方法已廣泛利用為精神診斷的重要測驗。

那麼，請看下頁圖一處暗巷與兩個人影的圖畫。

你看見這幅畫有何聯想？也許某人覺得這是幅令人感傷的故事：「一對男女心力交瘁地走在暗巷裡。他們二人的愛情已出現危機，正打算分手。」相信有人會描述如此悲慘的故事吧。相反地，也有人所想像的是愉快的場面：「這二人好不容易從繁雜的工作中獲得解放，打算出去約會。渴望在經常約會的場所互訴情懷。」但也許有人作令人諷刺的聯想，諸如「已有妻室的男子和自己的女性部屬悄悄地進行約會」。

由此可見，同樣一幅畫會造成不同的聯想。看見一張圖畫或照片，有人會將自己投射在其中的人物想像其中的情節；而有些人則會把自己本身寂寞的感覺，或愉快的心境，投射在圖案中去想像。換言之，會暴露自己的感情或無意中的不滿、不安。

以悲傷的心境傾聽音樂時，任何音樂聽起來都變悲調。相反地，碰到愉快的事，連悲哀的曲調也會帶有愉悅的音感。悲傷時渴望具有悲傷形象的對象，快樂時則受令人產生愉快印象的事物所吸引。這種現象在心理學上稱為「投射」「投影」。

心理測驗正是基於這樣的理由而考察「出投影法」的技術。

本書所使用的測驗中多數採納投影法式的心理測驗。

在投影法的測驗中，被認為心理學的水準最高的是「ＴＡＴ」的方法。而本書所介紹的測驗和具有學術意味的「ＴＡＴ」不同。因為，心理學的測驗，為了決定其是否具有科學上的價值，必須有測驗標準化等繁複的手續，也需要統計上的分析與調查。在此先做說明，本書所提出的測驗內容極為有趣，不過，也採納尚未充分做過學識檢討的方法。

對心理學的期待，也可以說是人類行動的預測或未來的預言。

Ｍ•羅拉賀爾在其『性格學入門』的著作中，最後一章做這樣的陳述：

「如果假定已正確瞭解個人的性格素質，應該也可以預測其人生。如果知道某件事會造成某個人產生何種反應，只要知道以後的未來，將會發生哪些事件？即可預測此人今後的人生。」

在這一章，羅拉賀爾介紹了夏爾羅德•比拉，調查二五〇人的生活經歷所進行的命運類型分析的研究。

筆者是利用羅爾夏哈測驗，做為檢證人的性格或氣質、天生的各種傾向等程度表現的方法，而其分析法的一部份早在『手相術』中做過分析。

手相不同，羅爾夏哈測驗的反應也不相同，而手相類型和羅爾夏哈測驗的診斷結果，卻有不少相關之處。

另外，「松迪測驗」是以心理學的立場實證命運分析的技術之一，所謂「松迪測驗」是由出生於匈牙利的精神病病理學家松迪，所考察出來的測驗法。在匈牙利的首都布達佩斯從事心理學教授的他，於一九四四年逃過納粹德國的魔掌而到瑞士，考察出這項嶄新的精神分析術——松迪測驗。

測驗的方法是從代表「衝動」的八張為一組的人頭照中，選擇自己喜歡以及討厭的兩張照片，反覆六次做這樣簡單的診斷。而根據總計四十八張中所挑選的臉孔類型進行分析。這些人頭照，並不具有人相學上的特徵，而是帶有各種精神病的特徵，是根據具有遺傳因素或病例的患者照片所構成。

這種基本上的精神病類型的遺傳傾向，分成四種要素，將其命名為「衝動慾望」。

(1)、S要素（性衝動）

(2)、P要素（癲癇、發作衝動）

(3)、Sch要素（自我衝動）

⑷、C要素（接觸衝動）

這四種基本「衝動」各有兩種不同的性質，將「性衝動」分為「女性化」「母性愛」的要素，以及「男性化」「父性愛」的要素。把「女性化」的要素當做「h」，「男性化」的要素當做「s」。人頭照中有具有h要素的臉孔以及s要素的臉孔。如果「h」要素的臉孔被挑選出「喜歡」的臉孔為「喜歡」的照片，則表示具有強烈的攻擊的傾向，虐待性的愛、動作性的衝動。

松迪將四種衝動要素又各自分為以下兩個要素。

S要素

h要素（性慾之愛的衝動）

S要素（破壞、性虐待式的衝動）

P要素

e要素（良心、內在克制的衝動）

hy要素（歇斯底里、自我顯示慾的衝動）

Sch要素

k要素（自我同化、占有慾望的衝動）

q要素（自我擴大的擴張衝動）

C要素

d要素（對新鮮的慾求與壓抑的衝動）

m要素（對執著、解放的衝動）

從具有這八種要素的人頭照中，挑選「喜歡」的做成「＋」記號，「討厭」的做成「－」記號，藉此判斷各種傾向。

根據喜好的動物了解深層心理

據說對動物的嗜好會暴露個人平常對人際關係的顧慮或內在的願望。請從以下的項目中挑選你所喜歡的動物或渴望變成的動物。也許你會有意外的發現。

⑴狗　⑵貓　⑶馬　⑷鴿子

⑸熊貓　⑹麒麟　⑺猴子　⑻金魚、熱帶魚

⑼蛇　⑽羊　⑾牛

〈解說〉

〈狗〉

重視人際往來，會充分顧慮對方的感受再採取行動。即使有不快或麻煩的事情，也會認真處理的人。處世慎重能充分接納長者的意見。

＜貓＞

討厭受人指使或說教。對人的好惡非常明顯，絕不理睬所討厭的人，令人有難以接近之感，不過，如果喜歡上某人，會為他奉獻一切的類型。

＜馬＞

自我強又不服輸，體力充沛。鬥志高昂，即使他人放棄的事情也會積極處理。懷抱遠大的目標，富有強烈的正義感。但是，重視紀律與秩序，絕不會做出越軌的事。具有強人一等的勇氣，行動大膽而不畏艱難。善於順應變動的人。

＜鴿子＞

神經細膩又親切，討厭與人爭執。容易受第一印象或主觀左右，經常對異性一見鍾情。相反地，一旦討厭對方，即難以更改既有的觀念。非常喜歡獨自悠哉地消遙，不喜歡聚眾喧嘩。喜歡繪畫或音樂的類型。

＜熊貓＞

具社交性，生性體貼能迎合他人，個性開朗不會悶悶不樂的人。具有赤子般的純真，可能因輕易信任他人而受騙上當。富有同情心，聽到悲傷的事情會感動落淚。

〈麒麟〉

不受旁人左右的我行我素型。經常以自我為中心，不太顧慮他人的感受。多半是聰慧或對自己的專業知識具有自信的人。這種人最討厭被人批評，如果沒有旁人在旁吹捧奉承則感到不滿。對新穎的事物表現積極的關心。

〈猴子〉

和任何人都能胡鬧起鬨的活潑人。最討厭靜待久候。即使被認為浮躁也不引以為意。對任何事都有好奇心，積極地與人交往，不過卻鮮少暴露真心。金錢願望強，恐怕會熱衷於汲汲營營的賺錢。

〈金魚、熱帶魚〉

討厭與人相處。對人具有不信感，不喜歡與人交談或和他人共同處理事物。思慮過多的慎重派。不喜歡說他人的閒話，也不喜歡成為他人談論的對象。全力投注在自己的專門知識或興趣上的人。

〈蛇〉

不論做任何事都無法獲得滿足，內心深處總感到慾求不滿的人。雖然一再地向各種事物挑戰，卻半途而廢，與人交往時，可能會有多餘的顧慮或突然勃然大怒，鬱積悶憤。具有頑強的執著與耐力。

＜羊＞

渴望被當做好人、善良的人，富有服務精神。爲了避免暴露自己的缺點而過於小心，因而反無法展現其優點，而使對方抱持警戒心或產生不信感。其實內心充滿著親切、體貼與責任感。

＜牛＞

精力充沛踏實而耐性地實現目標的人。不放棄別人已經放棄的事而努力不懈。外表顯得老實卻具有領導能力，在緊要關頭會發揮勇氣令旁人驚訝不已。平常鮮少展現這樣的衝勁。

渴望變成何種動物？

不論東、西洋，自古以來把動物和人做比較，用以判斷個人氣質已司空見慣，而在心理學上，將「動物」與性格做對照，採用性格測驗之一的動物學立場的研究，最近也風氣日盛。有關自然界中的一切，對人的性格或深層心理會造成影響的問題，已有各種的研究發表。起自性格學的世界級權威J・榮格，乃至利用對自然界「樹木」的嗜好或分析描繪樹形所呈現的深層心理的「巴姆測驗」，各種的分析研究陸續發表。而有關「動物」心理上的性格判斷法也日益增多。

法國著名的教育心理學家路易・可爾曼，考察出「ＰＮ測驗」，是以「小豬」為主角做為了解兒童性格的測驗。同是法國心理學家的葛迪凱伊，受到考察出極為獨特的心理測驗所造成話題的果克蘭學者的影響，根據對動物的好惡考察出另一套性格判斷法。這只是根據動物所作的著名心理測驗。以下介紹其中一部份。

※測驗A

以下的動物你最渴望飼養的是哪一種？

①狗　②貓　③鳥　④馬

※測驗B

假設你具有絕對可以飼養以下動物的條件，哪一種是你最不願意飼養的動物？

①狗　②貓　③鳥　④馬

※測驗C

不得已被迫變成動物時，你渴望變成以下哪一種動物？

①狗　②貓　③鳥　④魚　⑤馬　⑥母牛　⑦小羊　⑧蜘蛛　⑨蛇

＜答案的心理分析＞

A——①　愛狗的人可以向全世界敞開心胸。富社交性，為人寬大和善，卻又容易感到挫折感。愛犬家也有各種類型，只愛自己狗的人心胸並不寬大。這種人對人順從，喜好奉承他人。在純靜而老實的外表下隱藏著性虐待的本能。暗中渴望某人陷入失去顏面的地步，希望處於衆人之上。對於腳踏衆人成為支配之神的存在憧憬不已。

喜歡小狗的人生性膽怯，對愛情饑渴，雖然討厭孤獨卻不信賴他人。只喜歡大型狗的人，具有渴望成為獨裁者、支配者的慾望。如果喜愛生性不好的狗，則可能假藉狗成為暴君，或強調狗的壞心眼，以掩飾自己的居心不良，為的是加強自己信用度。喜愛附帶有血統書的純種狗的人，拘泥權威，凡事都追求安全。相反地，喜愛雜種犬的人，本質上抱有相當激烈愛情的人。

A——②　這種人思慮深，喜愛形態上的十全十美。而有時往往會表現相反的傾向。譬如，生性孤獨卻喜歡具有社交性的宴會，處事寬容而慎重，卻小看他人的意見，不採納別人的建議。具有敏銳的直覺力，能準確地判斷事務並掌握人心，但是卻不喜歡坦率表達自己。因此，可能會認為是「裝模作樣」。

雖然渴望愛情，卻恥於表白而無法積極行動。

A—③這種人的神經非常細膩，不會拘泥於第一印象或主觀。個性開朗、愉快而寬容，有時也不討厭在孤獨中享受瞑想。如果，在鳥類中選擇鴿子或雉鳥，乃是耐力特強的人，若選擇鸚䴉或梟，則具有幽默感，能夠肩負困責重任的人。

A—④這種人自我非常強，有極強的虛榮心。野心勃勃喜好規律、秩序，對成就事物感到喜悅。具有高人一等的勇氣，感到恐懼也樂於去克服。動輒流於俗套必須隨時警惕。

B—①討厭狗是否意味認定別人不瞭解自己呢？這種人個性內斂而沉靜，不談無聊的閒話，也不喜歡奉承他人。經常躲匿在自己的象牙塔內，欠缺寬容的態度。

B—②討厭貓也許是渴望遵循既定的方向，過著保守的生活。貓多半象徵偽善或惡意。而討厭貓也可能是因為貓反映了你複雜而扭曲的心情。

B—③討厭鳥是喜歡循規蹈矩，欠缺好奇心，不喜歡複雜的生活。如果不討厭鳥而感到畏懼，則表示容易受固有觀念所束縛，經常有多餘的操勞。

B—④討厭馬是膽怯而不信任自己的人。容易受外表左右，總覺得悶悶不樂難以暢快。

C—①渴望變成狗是因為追求安全性。略帶有精打細算的一面，勇於面對困難，並非出自強烈的責任感，乃是根據加減後的條件，認為應該有與條件相符的動作表現。

C—②渴望變成貓是自我中心主義的表現。喜好自己的安樂，討厭拘束的日課。

C—③渴望變成在天空悠然飛翔的鳥，是自認受困於繁雜的事務中。如果渴望在夢中隨時展翅飛翔，必須瞭解人也可以飛翔在宇宙中的事實。

C—④渴望變成迎風奔馳在草原上的馬，表示渴望自由，朝高竿理念生活的人。

C—⑤渴望變成魚的人，缺乏社交性。也沒有自覺為愛情感到饑渴。即使冒險也無所謂，渴望能依自己的喜好採取行動，獲得自由。

C—⑥母牛所象徵的是「能力」。因此，渴望變成母牛的人性格柔弱，憧憬權力與強勢。

C—⑦與母牛相反的小羊是溫馴的象徵。牠也表示喜好犧牲。也許多少具有被性虐待的傾向。

C—⑧渴望變成蜘蛛的人必須慎重考慮。因為，這種人可以說是道化者，也可以說具有挑戰的性格，或正處於容易煩惱的時候，會為無聊小事動怒。

C—⑨渴望變成蛇，也許是因為正苦惱於病態的不快感。

▼探討慾求不滿與期待感

美國的戴比特・L・柯爾心理學家發表一項研究，研究中稱根據「渴望變成何種動物？」或「何以渴望變成該動物？」等問題，可以判斷該人日常生活中的慾求不滿或期待感。譬如，假設某人回答「渴望變成蝴蝶」，則提出第一個問題：「為什麼？」如果其回答：「因為可以在花叢之間自由地飛翔。」這表示作答者極渴望出外旅遊，或希望像花花公子般在女流之間悠遊玩樂。換言之，個人內在的願望或不安，會在無意識中以變成「動物」反映出來。

這種方法稱為「動物詢問法」，據說可能變成TAT之類的心理診斷法之一。

根據對動物質問法做過實驗的L・柯爾的報告，一般人在選擇渴望變成的「動物」時，多半是基於以下四種理由：

①尋求自我滿足的答案——渴望以變成動物來彌補目前不可能達到的願望。

②服務性、自我實現的答案——利用變成動物，以對社會或不幸的人奉獻或體驗自我實現的喜悅。

③虛榮心的答案——利用變成動物以滿足自我顯示慾、榮譽感。

④解放的慾求、憧憬精神的舒坦——利用變成動物以彌補渴望獨處或逃避的願望。

人渴望變成「動物」的心理，有這四種不同願望的作用影響。換言之，人是利用「動物」

為媒界，以表現自己內在的慾望。

把自己當作動物而將心中的意念投影其中，自己的願望或不安，潛在的慾求利用與某種動物的結合而發洩、投影出來。

譬如，對自己的性能力有自卑感的人，內心期待能擁有馬一般的強勁，因而利用「希望變成馬」的願望暴露出來。

如果直接了當地問：「你的性能力不強嗎？」也許沒有人會坦率地作答，但是，若所提的問題是：「渴望變成何種動物？」則任何人都能輕易地回答吧。利用「動物詢問法」即可輕易地解讀無意識中慾望。心理測驗中有直接了當的詢問測驗，也有間接揣測心理的測驗。

「帕拉心理學」——日常生活中為人所親近的心理學，在其基於心理學立場的判斷法上，有多數利用動物的實驗。美國婦女雜誌中堪稱一流的家庭新聞號中，曾經介紹一項心理測驗，測驗的內容是「如果今後必須變成動物來生活，渴望變成何種動物？」

如果渴望變成的動物是家畜或人們所親近的寵物，是表示認真而顧家的人，具有成為賢夫良妻的素質，目前對家庭生活感到十分滿足。若是野生動物則具有強烈的征服慾，冒險患難的意志也強，是強悍而男性化極高的人。

渴望變成鳥的人，據說根據鳥的種類而表現不同的日常生活態度、願望。希望變成「飼養在籠子裡的鳥」一般帶有強烈的自卑感，極渴望受到保護、眷顧。

「飛翔在高空的鳥」是象徵自由或野心、強烈的自我實現慾。而渴望變成「多彩而美麗的鳥」，如鸚鵡、孔雀、極樂鳥等鳥類時，是表示虛榮心，裝飾華麗的喜悅、對異性的好奇心。

根據「動物」的心理診斷法，也考察出利用對寵物的嗜好做判斷的方法。巴雷里•默爾曼在『性格診斷手册』中指稱，喜歡養小鳥或熱帶魚為寵物的人，是期待家庭中充滿活力而熱鬧的氣氛，並非真正喜愛動物的人。這些人和選擇狗或貓為寵物的人有極大的差異，多半並非動物的狂愛者，而是對小鳥的吟唱、羽毛的美麗、熱帶魚身上豔麗的色調感興趣，往往將小鳥或熱帶魚當成家具的一部份。而喜歡小鳥或熱帶魚的人，其共通之處是喜愛花。

如果一星期的時間變成動物

請看以下所列的各種動物。如果你有一個星期的時間可以變成以下其中一種動物來生活，你渴望變成何種動物?請仔細地思考後，從中選擇一項。

渴望變成何種動物會反映目前你的工作或對日常生活的潛在感受。

(A)蝴蝶　(B)金魚　(C)袋鼠　(D)海豚　(E)熊貓

〈解說〉

(A)蝴蝶……根據佛洛依德式的潛在願望分析，蝴蝶是表示對外遇或旅行的願望。極渴望變得自由而四處活動，表示期盼從目前的工作獲得解放的意識。蝴蝶代表可以在花叢之間自由飛舞，享受愉快的生活

不過，這是在不負責的情緒作用之下所產生的情緒，這時特別渴望偷情或追求刺激。

(B)金魚……金魚是代表體力、能力，表示渴望依附在更強大、更權威的事物上的願望。這個願望傳達了精神上或物質上追求安定、依附在某個強人身邊或受其保護的心境。這表示對目前的生活失去信心，或無法忍受周遭的環境，渴望過著沒有壓力的生活。若是未婚女性對婚姻帶有極高的期待。

(C)袋鼠……袋鼠是表現母愛、女性的溫柔。若是已婚女性，是表示對懷孕的不安或強烈地渴望生育。如果是男性，則對年長的女性動情。也可能是與家人之間有感情上的糾葛或相當心浮氣

躁的時候。

(D)海豚……表示對性的期待或願望，嚮往消遙自在的生活、對旅行的強烈渴望。對工作帶有企圖心，就連一般人放棄的事也會燃起鬥志。不過，很容易受到旁人的批評、反抗。

(E)熊貓……非常渴望受到周遭者的喜愛或關心的時候，對服裝或自己的外貌帶有自信的時候。不過，過於八面玲瓏而無法開口拒絕，因而受到誤解。

羅梅伊的「諾亞方舟測驗」

據說活躍於十九世紀末期的哲學家尼采，曾經將自己身邊的人物譬喻為動物做性格判斷。而在學問上，有多數的心理學家採用動物性格判斷法，其中以鳩爾傑・羅梅伊的動物心理測驗最為聞名，他所考察出的心理測驗法，可應用在公司的錄取考試，方法是詢問受驗者：「在動物中最渴望變成何種動物？」根據其所選擇的動物來探討該人的心理方法。羅梅伊將這個測驗比擬舊約聖經傳說中的「諾亞方舟」，而稱為諾亞方舟測驗。

那麼，如果是你，會把以下的動物依喜好的順序做何排列呢？

(A)小鳥　(B)鷲　(C)孔雀　(D)鶴　(E)企鵝　(F)馬

根據你所排列佔居第一位的動物，可以判斷出對現在的生活或目前的工作所抱持的期待或滿足度。這些動物各自象徵人的各種願望。

〈解說〉

(A)小鳥　表示無意識中渴望受保護的心態。不做無理強求，以安全為第一的觀念。生活中也不願冒險，相當重視家庭。在既定的範圍內會按步就班地往前努力的堅忍不拔的人。不過，容易變得消極，缺乏採納嶄新事物的企圖心。與人交往上必須帶著積極的態度。

(B)鷲　代表男性度、行動力的鳥。對於遭受反對或出現困難的問題都會積極面對的人。只不過自信心過強，可能會有重大的失敗。不傾聽他人的意見而莽撞獨行的危險。充滿旺盛的心力，顯得自信飽滿，身體狀況也非常良好。

(C)孔雀　渴望變成翅膀華麗的孔雀多半是女性。自我顯示慾強或渴望獲得周遭的認可，對名譽或地位極為嚮往的時候。有時過於追求時髦或外貌的美觀，表現過度的虛榮而蒙受損失。穿著打扮過於華麗形成浪費，或本末倒置地爲在正業以外的事而忙。有時應該節約生活並抑止怠惰的心。

(D)鶴　表示內斂而純潔。富有強烈的正義感，絕不為非作歹，對自己或他人都相當挑剔。個性保守重視傳統的人。充分地採納長者的意見，信守安全第一主義。

但是，有時會表現頑固的一面，若自認為正確絕不更改既有的觀念。受到長者的信賴，

雖然樸素卻踏實前進的時候。

(E)**企鵝**　富社交性，受到任何人的親近又喜好幫助他人的人。企鵝是象徵人緣與社交性，雖然容易在別人的起鬨下忘了自己，卻富有同情心，不會坐視劣者而不顧。和任何人都能保持親密關係，即使並不喜歡的人，也會盡量去配合。不過，由於人際關係上的融洽，可能凡事承擔下來而造成事後的麻煩。因為無法斷然地表YES或NO的意思，受到誤解或有出乎意料之外的情況發生。這種人應避免過於擴大交往的層面。同時也必須擁有斷然表示拒絕的勇氣。

(F)**馬**　表示行動力、冒險心。尤其暗示對異性或性冒險的嚮往。據說歐洲人的傾向，男性選擇馬為第一順位，而女性選擇為第二順位。

利用貓、狗的心理療法

狗、貓不僅能做性格診斷，也有人開始嘗試利用與這些動物的接觸，以改變性格或治療兒童的神經症。

英國早在十八世紀，已實施利用動物進行神經症的治療。讓患者擁抱、撫摸動物，或和動物一起生活，以緩和其內心的不安，藉此治療其精神病。

一九四四年利用動物所做的心理療法再度造成熱潮。據說紐約的伯里西•雷賓森博士，利用貓、狗治療兒童的自閉症或神經症，達到相當的效果。患者與貓狗嬉戲的過程中，會漸漸敞開閉塞的心而變得積極。有越來越多利用以往精神療法而無法治癒的患者，因嘗試貓、狗為媒介的療法，使得病情迅速的康復。

不論兒童或成年人，在人際關係上碰到阻礙時，會漸漸封閉自己的情緒、感情。心胸閉塞行為逃避的狗，會對我們的感受產生反應，而積極主動地與人搭訕，以表現親密。自閉症的兒童只管把自己原有的面貌去面對貓或狗。和狗、貓的相處非常輕鬆愉快，並沒有人際關係上的繁雜。利用與貓、狗的接觸，慢慢地培養接觸人的訓練。

有一個完全封閉自己，不與人接觸而變得無精打采的十九歲青年。他幾乎每天躺臥在醫院的病床上，不與外界接觸。這名患有自閉症的青年，經過數年的治療仍然沒有回復。某天，這家醫院的醫師帶了一隻狗到他的病房。當狗來到房間後立即四處跑動，甚至跳到床上撲向那位青年的身上。

這時，意外的事情發生了。以往從不吭聲的這名青年，大聲而高興地說：

「這隻狗可以給我嗎？」因為與狗的相遇，這名青年才漸漸地敞開封閉已久的心。

對人類而言，動物中尤其是狗、貓，具有改變心態的重大效果。狗或貓會隨飼主的情緒，而反應並沒有人間的繁雜。

當人類表示愛情與溫柔時，狗會給予回報。而貓若飼主沒有寬容與包含的心，則無法相處。在人際關係中挫敗的人，利用與貓或狗的接觸，似乎能自然地學習到充分地表達自己感情的方法，而抑止自我的凸顯。擁抱或碰觸貓或狗時，緩和起伏情緒的效果也非常大。

蒙娜麗莎的人相學立場的觀察

達芬奇所描繪的蒙娜麗莎，自古以來深受歐洲人相學者們的關心，進行了各項的研究。

譬如，法國的心理學人相術專家愛爾向努博士，在『臉孔與人際關係』的著作中，根據人相學的立場，以蒙娜麗莎為對象，調查將眼睛部份做各種變型，調查整體臉孔的印象會有何改變？例如，把蒙娜麗莎黑眼球的大小做各種改變，分析整個臉孔的印象有何變化？結果發現黑眼球變大而眼皮睜大的表情，給人的印象有極大的出入，顯得富有知性。而黑眼球變小，眼皮狹窄時，則給人冷淡、悲傷而非活動性的印象。從這個調查發現蒙娜麗莎的眼睛，在不做任何修正時最具魅力，足以吸引多數人的心。

而仔細地分析蒙娜麗莎的眼、額頭、耳、口等形狀時，會發現各種有趣的特徵。她的額頭稍微寬大，鼻端到下顎間的長度和額頭的高度相比時，額頭高出許多。一般而言這種長度如果額頭又高，則給人理想高、高貴的印象。

日本明星中額頭較高的多半富有知性，給人略帶冷淡難以親近卻優雅的印象。譬如，司葉子、山本陽子、岩下志麻小姐。這些人在一〇年代、二〇年代的運勢強，多半出身高貴，或少女時期的雙親的生活極為安定。也許蒙娜麗莎畫像的模特兒也是貴族出身吧。

蒙娜麗莎的鼻子小而鼻樑長又筆直，極富知性的鼻型。鼻子是表示智能、性關心度的部位，鼻型較窄而長的，認為具有知性，而橫幅寬而短的性能力較強。像蒙娜麗莎的小鼻子而整體鼻長的女性，胸部不太發達，鮮有子貴。也許是位沒有兒女的婦人。

鼻表示經濟運、金錢態度。從正面看蒙娜麗莎那鼻孔掩住的鼻子，表示對金錢不偏執並不在意賺錢或存錢的事，可能倚靠丈夫的遺產或父母的財產生活。五〇年代以後的晚年多半會因金錢而感到困頓。直到晚年達芬奇對這幅畫仍愛不釋手，也許是為這位曾經是過著優雅生活的貴族，卻在晚年因運勢衰危飽嘗生活之苦的蒙娜麗莎動心的緣故吧。

嘴角兩端略為上揚而大。這是屬於外向性格，喜好與人接觸、活動，不願靜候在家中。嘴角兩端上揚的女性有前甘迺迪夫人、賈桂琳，以及著名女星奧黛麗赫本。據說這都屬於後家相。

後序

各位讀者經過一番閱讀，多少能理解對動物的嗜好會造成人們深層心理的影響吧。任何人都有自己嚮往的動物，從動物的形體中會浮現自己內心所描繪的理想形象。本書對各種動物進行印象分析，並鎖定東方人最感興趣的「狗」「貓」做性格的揣摩。

如果簡要地來劃分形形色色的人，追根究底可以分為「狗型人」和「貓型人」。政治界的對立，也許就是狗型人派和貓型人派的對立。就連TV的明星也各自有狗型派和貓型派的差別而各領風騷。

藉由瞭解自己是屬於「狗型人」或「貓型人」，也許可以發現更適合自己而燦爛的人生。或許藉由理解自己，可以重新確認或發現自己真正所追求的事物。

其實本書真正的目的乃在於「自我再發現」。如果讀者能藉由思考狗或貓的習性，並探討自己對動物的嗜好而發現平常所疏忽的自己……這乃是本書所期許之處。

大展出版社有限公司　圖書目錄

地址：台北市北投區11204
致遠一路二段12巷1號
電話：(02) 8236031
8236033
郵撥： 0166955～1
傳眞：(02) 8272069

•法律專欄連載•電腦編號58

台大法學院 法律學系／策劃
法律服務社／編著

①別讓您的權利睡著了[1]	200元
②別讓您的權利睡著了[2]	200元

•秘傳占卜系列•電腦編號14

①手相術	淺野八郎著	150元
②人相術	淺野八郎著	150元
③西洋占星術	淺野八郎著	150元
④中國神奇占卜	淺野八郎著	150元
⑤夢判斷	淺野八郎著	150元
⑥前世、來世占卜	淺野八郎著	150元
⑦法國式血型學	淺野八郎著	150元
⑧靈感、符咒學	淺野八郎著	150元
⑨紙牌占卜學	淺野八郎著	150元
⑩ＥＳＰ超能力占卜	淺野八郎著	150元
⑪猶太數的秘術	淺野八郎著	150元
⑫新心理測驗	淺野八郎著	160元

•趣味心理講座•電腦編號15

①性格測驗１	探索男與女	淺野八郎著	140元
②性格測驗２	透視人心奧秘	淺野八郎著	140元
③性格測驗３	發現陌生的自己	淺野八郎著	140元
④性格測驗４	發現你的真面目	淺野八郎著	140元
⑤性格測驗５	讓你們吃驚	淺野八郎著	140元
⑥性格測驗６	洞穿心理盲點	淺野八郎著	140元
⑦性格測驗７	探索對方心理	淺野八郎著	140元
⑧性格測驗８	由吃認識自己	淺野八郎著	140元
⑨性格測驗９	戀愛知多少	淺野八郎著	140元

⑩性格測驗10	由裝扮瞭解人心	淺野八郎著	140元
⑪性格測驗11	敲開內心玄機	淺野八郎著	140元
⑫性格測驗12	透視你的未來	淺野八郎著	140元
⑬血型與你的一生		淺野八郎著	140元
⑭趣味推理遊戲		淺野八郎著	140元

•婦 幼 天 地• 電腦編號16

①八萬人減肥成果	黃靜香譯	150元
②三分鐘減肥體操	楊鴻儒譯	150元
③窈窕淑女美髮秘訣	柯素娥譯	130元
④使妳更迷人	成　玉譯	130元
⑤女性的更年期	官舒妍編譯	160元
⑥胎內育兒法	李玉瓊編譯	150元
⑦早產兒袋鼠式護理	唐岱蘭譯	200元
⑧初次懷孕與生產	婦幼天地編譯組	180元
⑨初次育兒12個月	婦幼天地編譯組	180元
⑩斷乳食與幼兒食	婦幼天地編譯組	180元
⑪培養幼兒能力與性向	婦幼天地編譯組	180元
⑫培養幼兒創造力的玩具與遊戲	婦幼天地編譯組	180元
⑬幼兒的症狀與疾病	婦幼天地編譯組	180元
⑭腿部苗條健美法	婦幼天地編譯組	150元
⑮女性腰痛別忽視	婦幼天地編譯組	150元
⑯舒展身心體操術	李玉瓊編譯	130元
⑰三分鐘臉部體操	趙薇妮著	160元
⑱生動的笑容表情術	趙薇妮著	160元
⑲心曠神怡減肥法	川津祐介著	130元
⑳內衣使妳更美麗	陳玄茹譯	130元
㉑瑜伽美姿美容	黃靜香編著	150元
㉒高雅女性裝扮學	陳珮玲譯	180元
㉓蠶糞肌膚美顏法	坂梨秀子著	160元
㉔認識妳的身體	李玉瓊譯	160元
㉕產後恢復苗條體態	居理安・芙萊喬著	200元
㉖正確護髮美容法	山崎伊久江著	180元

•青 春 天 地• 電腦編號17

①A血型與星座	柯素娥編譯	120元
②B血型與星座	柯素娥編譯	120元
③O血型與星座	柯素娥編譯	120元
④AB血型與星座	柯素娥編譯	120元

⑤青春期性教室	呂貴嵐編譯	130元
⑥事半功倍讀書法	王毅希編譯	150元
⑦難解數學破題	宋釗宜編譯	130元
⑧速算解題技巧	宋釗宜編譯	130元
⑨小論文寫作秘訣	林顯茂編譯	120元
⑪中學生野外遊戲	熊谷康編著	120元
⑫恐怖極短篇	柯素娥編譯	130元
⑬恐怖夜話	小毛驢編譯	130元
⑭恐怖幽默短篇	小毛驢編譯	120元
⑮黑色幽默短篇	小毛驢編譯	120元
⑯靈異怪談	小毛驢編譯	130元
⑰錯覺遊戲	小毛驢編譯	130元
⑱整人遊戲	小毛驢編譯	150元
⑲有趣的超常識	柯素娥編譯	130元
⑳哦！原來如此	林慶旺編譯	130元
㉑趣味競賽100種	劉名揚編譯	120元
㉒數學謎題入門	宋釗宜編譯	150元
㉓數學謎題解析	宋釗宜編譯	150元
㉔透視男女心理	林慶旺編譯	120元
㉕少女情懷的自白	李桂蘭編譯	120元
㉖由兄弟姊妹看命運	李玉瓊編譯	130元
㉗趣味的科學魔術	林慶旺編譯	150元
㉘趣味的心理實驗室	李燕玲編譯	150元
㉙愛與性心理測驗	小毛驢編譯	130元
㉚刑案推理解謎	小毛驢編譯	130元
㉛偵探常識推理	小毛驢編譯	130元
㉜偵探常識解謎	小毛驢編譯	130元
㉝偵探推理遊戲	小毛驢編譯	130元
㉞趣味的超魔術	廖玉山編著	150元
㉟趣味的珍奇發明	柯素娥編著	150元
㊱登山用具與技巧	陳瑞菊編著	150元

・健康天地・電腦編號18

①壓力的預防與治療	柯素娥編譯	130元
②超科學氣的魔力	柯素娥編譯	130元
③尿療法治病的神奇	中尾良一著	130元
④鐵證如山的尿療法奇蹟	廖玉山譯	120元
⑤一日斷食健康法	葉慈容編譯	120元
⑥胃部強健法	陳炳崑譯	120元
⑦癌症早期檢查法	廖松濤譯	130元

⑧老人痴呆症防止法	柯素娥編譯	130元
⑨松葉汁健康飲料	陳麗芬編譯	130元
⑩揉肚臍健康法	永井秋夫著	150元
⑪過勞死、猝死的預防	卓秀貞編譯	130元
⑫高血壓治療與飲食	藤山順豐著	150元
⑬老人看護指南	柯素娥編譯	150元
⑭美容外科淺談	楊啟宏著	150元
⑮美容外科新境界	楊啟宏著	150元
⑯鹽是天然的醫生	西英司郎著	140元
⑰年輕十歲不是夢	梁瑞麟譯	200元
⑱茶料理治百病	桑野和民著	180元
⑲綠茶治病寶典	桑野和民著	150元
⑳杜仲茶養顏減肥法	西田博著	150元
㉑蜂膠驚人療效	瀨長良三郎著	150元
㉒蜂膠治百病	瀨長良三郎著	150元
㉓醫藥與生活	鄭炳全著	160元
㉔鈣長生寶典	落合敏著	180元
㉕大蒜長生寶典	木下繁太郎著	160元
㉖居家自我健康檢查	石川恭三著	160元
㉗永恒的健康人生	李秀鈴譯	200元
㉘大豆卵磷脂長生寶典	劉雪卿譯	150元
㉙芳香療法	梁艾琳譯	160元
㉚醋長生寶典	柯素娥譯	元

•實用女性學講座•電腦編號 19

①解讀女性內心世界	島田一男著	150元
②塑造成熟的女性	島田一男著	150元
③女性整體裝扮學	黃靜香編著	180元
④職業婦女禮儀	黃靜香編著	180元

•校 園 系 列•電腦編號 20

①讀書集中術	多湖輝著	150元
②應考的訣竅	多湖輝著	150元
③輕鬆讀書贏得聯考	多湖輝著	150元
④讀書記憶秘訣	多湖輝著	150元
⑤視力恢復！超速讀術	江錦雲譯	180元

・實用心理學講座・電腦編號 21

①拆穿欺騙伎倆	多湖輝著	140元
②創造好構想	多湖輝著	140元
③面對面心理術	多湖輝著	140元
④僞裝心理術	多湖輝著	140元
⑤透視人性弱點	多湖輝著	140元
⑥自我表現術	多湖輝著	150元
⑦不可思議的人性心理	多湖輝著	150元
⑧催眠術入門	多湖輝著	150元
⑨責罵部屬的藝術	多湖輝著	150元
⑩精神力	多湖輝著	150元
⑪厚黑說服術	多湖輝著	150元
⑫集中力	多湖輝著	150元
⑬構想力	多湖輝著	150元
⑭深層心理術	多湖輝著	160元
⑮深層語言術	多湖輝著	160元
⑯深層說服術	多湖輝著	180元
⑰潛在心理術	多湖輝著	160元

・超現實心理講座・電腦編號 22

①超意識覺醒法	詹蔚芬編譯	130元
②護摩秘法與人生	劉名揚編譯	130元
③秘法！超級仙術入門	陸　明譯	150元
④給地球人的訊息	柯素娥編著	150元
⑤密教的神通力	劉名揚編著	130元
⑥神秘奇妙的世界	平川陽一著	180元
⑦地球文明的超革命	吳秋嬌譯	200元
⑧力量石的秘密	吳秋嬌譯	180元

・養 生 保 健・電腦編號 23

①醫療養生氣功	黃孝寬著	250元
②中國氣功圖譜	余功保著	230元
③少林醫療氣功精粹	井玉蘭著	250元
④龍形實用氣功	吳大才等著	220元
⑤魚戲增視強身氣功	宮　嬰著	220元
⑥嚴新氣功	前新培金著	250元
⑦道家玄牝氣功	張　章著	180元

⑧仙家秘傳袪病功	李遠國著	160元
⑨少林十大健身功	秦慶豐著	180元
⑩中國自控氣功	張明武著	250元
⑪醫療防癌氣功	黃孝寬著	220元
⑫醫療強身氣功	黃孝寬著	220元
⑬醫療點穴氣功	黃孝寬著	220元

•社會人智囊•電腦編號24

①糾紛談判術	清水增三著	160元
②創造關鍵術	淺野八郎著	150元
③觀人術	淺野八郎著	180元
④應急詭辯術	廖英迪編著	160元
⑤天才家學習術	木原武一著	160元
⑥猫型狗式鑑人術	淺野八郎著	180元
⑦逆轉運掌握術	淺野八郎著	180元

•精 選 系 列•電腦編號25

①毛澤東與鄧小平	渡邊利夫等著	280元
②中國大崩裂		180元

•心 靈 雅 集•電腦編號00

①禪言佛語看人生	松濤弘道著	180元
②禪密教的奧秘	葉逯謙譯	120元
③觀音大法力	田口日勝著	120元
④觀音法力的大功德	田口日勝著	120元
⑤達摩禪106智慧	劉華亭編譯	150元
⑥有趣的佛教研究	葉逯謙編譯	120元
⑦夢的開運法	蕭京凌譯	130元
⑧禪學智慧	柯素娥編譯	130元
⑨女性佛教入門	許俐萍譯	110元
⑩佛像小百科	心靈雅集編譯組	130元
⑪佛教小百科趣談	心靈雅集編譯組	120元
⑫佛教小百科漫談	心靈雅集編譯組	150元
⑬佛教知識小百科	心靈雅集編譯組	150元
⑭佛學名言智慧	松濤弘道著	220元
⑮釋迦名言智慧	松濤弘道著	220元
⑯活人禪	平田精耕著	120元
⑰坐禪入門	柯素娥編譯	120元

⑱現代禪悟	柯素娥編譯	130元
⑲道元禪師語錄	心靈雅集編譯組	130元
⑳佛學經典指南	心靈雅集編譯組	130元
㉑何謂「生」 阿含經	心靈雅集編譯組	150元
㉒一切皆空 般若心經	心靈雅集編譯組	150元
㉓超越迷惘 法句經	心靈雅集編譯組	130元
㉔開拓宇宙觀 華嚴經	心靈雅集編譯組	130元
㉕真實之道 法華經	心靈雅集編譯組	130元
㉖自由自在 涅槃經	心靈雅集編譯組	130元
㉗沈默的教示 維摩經	心靈雅集編譯組	150元
㉘開通心眼 佛語佛戒	心靈雅集編譯組	130元
㉙揭秘寶庫 密教經典	心靈雅集編譯組	130元
㉚坐禪與養生	廖松濤譯	110元
㉛釋尊十戒	柯素娥編譯	120元
㉜佛法與神通	劉欣如編著	120元
㉝悟（正法眼藏的世界）	柯素娥編譯	120元
㉞只管打坐	劉欣如編譯	120元
㉟喬答摩・佛陀傳	劉欣如編著	120元
㊱唐玄奘留學記	劉欣如編譯	120元
㊲佛教的人生觀	劉欣如編譯	110元
㊳無門關（上卷）	心靈雅集編譯組	150元
㊴無門關（下卷）	心靈雅集編譯組	150元
㊵業的思想	劉欣如編著	130元
㊶佛法難學嗎	劉欣如著	140元
㊷佛法實用嗎	劉欣如著	140元
㊸佛法殊勝嗎	劉欣如著	140元
㊹因果報應法則	李常傳編	140元
㊺佛教醫學的奧秘	劉欣如編著	150元
㊻紅塵絕唱	海　若著	130元
㊼佛教生活風情	洪丕謨、姜玉珍著	220元
㊽行住坐臥有佛法	劉欣如著	160元
㊾起心動念是佛法	劉欣如著	160元
㊿四字禪語	曹洞宗青年會	200元
51妙法蓮華經	劉欣如編著	160元

•經 營 管 理•電腦編號 01

◎創新經營管理六十六大計（精）	蔡弘文編	780元
①如何獲取生意情報	蘇燕謀譯	110元
②經濟常識問答	蘇燕謀譯	130元
③股票致富68秘訣	簡文祥譯	200元

④台灣商戰風雲錄	陳中雄著	120元
⑤推銷大王秘錄	原一平著	180元
⑥新創意・賺大錢	王家成譯	90元
⑦工廠管理新手法	琪　輝著	120元
⑧奇蹟推銷術	蘇燕謀譯	100元
⑨經營參謀	柯順隆譯	120元
⑩美國實業24小時	柯順隆譯	80元
⑪撼動人心的推銷法	原一平著	150元
⑫高竿經營法	蔡弘文編	120元
⑬如何掌握顧客	柯順隆譯	150元
⑭一等一賺錢策略	蔡弘文編	120元
⑯成功經營妙方	鐘文訓著	120元
⑰一流的管理	蔡弘文編	150元
⑱外國人看中韓經濟	劉華亭譯	150元
⑲企業不良幹部群相	琪輝編著	120元
⑳突破商場人際學	林振輝編著	90元
㉑無中生有術	琪輝編著	140元
㉒如何使女人打開錢包	林振輝編著	100元
㉓操縱上司術	邑井操著	90元
㉔小公司經營策略	王嘉誠著	160元
㉕成功的會議技巧	鐘文訓編譯	100元
㉖新時代老闆學	黃柏松編著	100元
㉗如何創造商場智囊團	林振輝編譯	150元
㉘十分鐘推銷術	林振輝編譯	120元
㉙五分鐘育才	黃柏松編譯	100元
㉚成功商場戰術	陸明編譯	100元
㉛商場談話技巧	劉華亭編譯	120元
㉜企業帝王學	鐘文訓譯	90元
㉝自我經濟學	廖松濤編譯	100元
㉞一流的經營	陶田生編著	120元
㉟女性職員管理術	王昭國編譯	120元
㊱ＩＢＭ的人事管理	鐘文訓編譯	150元
㊲現代電腦常識	王昭國編譯	150元
㊳電腦管理的危機	鐘文訓編譯	120元
㊴如何發揮廣告效果	王昭國編譯	150元
㊵最新管理技巧	王昭國編譯	150元
㊶一流推銷術	廖松濤編譯	150元
㊷包裝與促銷技巧	王昭國編譯	130元
㊸企業王國指揮塔	松下幸之助著	120元
㊹企業精銳兵團	松下幸之助著	120元
㊺企業人事管理	松下幸之助著	100元

㊻華僑經商致富術	廖松濤編譯	130元
㊼豐田式銷售技巧	廖松濤編譯	120元
㊽如何掌握銷售技巧	王昭國編著	130元
㊿洞燭機先的經營	鐘文訓編譯	150元
52新世紀的服務業	鐘文訓編譯	100元
53成功的領導者	廖松濤編譯	120元
54女推銷員成功術	李玉瓊編譯	130元
55ＩＢＭ人才培育術	鐘文訓編譯	100元
56企業人自我突破法	黃琪輝編著	150元
58財富開發術	蔡弘文編著	130元
59成功的店舖設計	鐘文訓編著	150元
61企管回春法	蔡弘文編著	130元
62小企業經營指南	鐘文訓編譯	100元
63商場致勝名言	鐘文訓編譯	150元
64迎接商業新時代	廖松濤編譯	100元
66新手股票投資入門	何朝乾　編	180元
67上揚股與下跌股	何朝乾編譯	180元
68股票速成學	何朝乾編譯	180元
69理財與股票投資策略	黃俊豪編著	180元
70黃金投資策略	黃俊豪編著	180元
71厚黑管理學	廖松濤編譯	180元
72股市致勝格言	呂梅莎編譯	180元
73透視西武集團	林谷燁編譯	150元
76巡迴行銷術	陳蒼杰譯	150元
77推銷的魔術	王嘉誠譯	120元
7860秒指導部屬	周蓮芬編譯	150元
79精銳女推銷員特訓	李玉瓊編譯	130元
80企劃、提案、報告圖表的技巧	鄭　汶　譯	180元
81海外不動產投資	許達守編譯	150元
82八百件的世界策略	李玉瓊譯	150元
83服務業品質管理	吳宜芬譯	180元
84零庫存銷售	黃東謙編譯	150元
85三分鐘推銷管理	劉名揚編譯	150元
86推銷大王奮鬥史	原一平著	150元
87豐田汽車的生產管理	林谷燁編譯	150元

•成功寶庫• 電腦編號 02

①上班族交際術	江森滋著	100元
②拍馬屁訣竅	廖玉山編譯	110元
④聽話的藝術	歐陽輝編譯	110元

國立中央圖書館出版品預行編目資料

貓型狗式鑑人術／淺野八郎著；李玉瓊譯
——初版——臺北市；大展，民84
面；　公分——（社會人智囊；6）
譯自：人間鑑定おもしろ読本
ISBN 957-557-543-1（平裝）

1.人格心理學　2.人際關係

173.7　　84009332

原書名：人間鑑定おもしろ読本
原著作者：淺野八郎 Hachiro Asano©1990
原出版者：廣済堂出版
版權仲介：京王文化事業有限公司

ISBN 957-557-543-1

貓型狗式鑑人術

原著者／淺野八郎
編譯者／李玉瓊
發行人／蔡森明
出版者／大展出版社有限公司
社址／台北市北投區（石牌）致遠一路二段12巷1號
電話／(02) 8236031・8236033
傳眞／(02) 8272069
郵政劃撥／0166955－1
登記證／局版臺業字第2171號

承印者／國順圖書印刷公司
裝訂／嶸興裝訂有限公司
排版者／千賓電腦打字有限公司
電話／（02）8836052
初版／1995年（民84年）10月
定價／180元